QUE SAIS-JE ?

La mondialisation de la communication

ARMAND MATTELART
Professeur à l'Université de Paris VIII

Cinquième édition mise à jour

15e mille

DU MÊME AUTEUR

La globalisation de la surveillance, Paris, La Découverte, 2007.
Diversité culturelle et mondialisation, Paris, La Découverte, 2005, 2007.
Introduction aux « Cultural Studies » (avec É. Neveu), Paris, La Découverte, 2003, 2008.
Histoire de la société de l'information, La Découverte, 2001, 2003, 2006.
Histoire de l'utopie planétaire, La Découverte, 1999, 2000 (poche).
Histoire des théories de la communication (avec M. Mattelart), La Découverte, 1995, 2002, 2004.
L'invention de la communication, La Découverte, 1994, 1997 (poche).
La communication-monde, La Découverte, 1992, 1999 (poche).
La publicité, La Découverte, 1990 et 1994.
L'internationale publicitaire, La Découverte, 1989.
Le carnaval des images. La fiction brésilienne (avec M. Mattelart), INA / La Documentation française, 1987.
Penser les médias (avec M. Mattelart), La Découverte, 1986 et 1991.
La culture contre la démocratie ? L'audiovisuel à l'heure transnationale (avec M. Mattelart et X. Delcourt), La Découverte, 1984.
L'ordinateur et le Tiers Monde (avec H. Schmucler), La Découverte, 1983.
Technologie, culture et communication. Rapport au ministre de la Recherche et de l'Industrie (avec Y. Stourdzé), La Documentation française, 1982.
De l'usage des médias en temps de crise (avec M. Mattelart), A. Moreau, 1979.
Donald l'imposteur (avec A. Dorfman), A. Moreau, 1977.
Multinationales et systèmes de communication, Anthropos, 1976.
Mass media, idéologies et mouvement révolutionnaire (Chili, 1970-1973), Anthropos, 1974.

ISBN 978-2-13-056612-0

Dépôt légal — 1re édition : 1996
5e édition mise à jour : 2008, mars

6, avenue Reille, 75014 Paris

INTRODUCTION

> *« Comme les peuples se touchent ! Comme les distances se rapprochent ! Et le rapprochement, c'est le commencement de la fraternité... Avant peu, l'homme parcourra la terre comme les dieux d'Homère parcouraient le ciel, en trois pas. Encore quelques années, et le fil électrique de la concorde entourera le globe et étreindra le monde. »*
>
> Victor Hugo, 1849.

Les réseaux de la communication en temps réel façonnent le mode d'organisation de la planète. Ce que l'on est convenu d'appeler mondialisation/globalisation – le premier terme se décline dans toutes les langues latines, et le second est d'origine anglo-saxonne – rime avec fluidité des échanges et flux immatériels transfrontières. Ce petit livre se propose d'inscrire cette nouvelle phase de l'ouverture au monde dans l'histoire des formes sociales que le processus d'internationalisation a assumées au cours du temps. L'interconnexion généralisée des économies et des sociétés est, en effet, le point d'aboutissement du mouvement vers l'intégration mondiale qui a débuté au tournant du XIXe siècle. Élargissant progressivement la sphère de circulation des personnes ainsi que des biens matériels et symboliques, les dispositifs de communication ont hâté l'incorporation des sociétés particulières dans des ensembles de plus en plus vastes, et n'ont eu de cesse de déplacer les frontières physiques, intellectuelles et mentales.

De multiples acteurs, publics et privés, ont contribué à dessiner la topographie des réseaux et des systèmes à l'échelle mondiale. Ils l'ont fait en invoquant des idéaux et motivés par les intérêts les plus divers : l'universalisme d'une civilisation prédestinée, l'œcuménisme d'une religion, l'interdépendance des nations commandée par la sécurité mutuelle, le pragmatisme de l'entreprise et l'impératif catégorique de la division internationale du travail ou encore la communauté de lutte des opprimés. Figure maîtresse du progrès, l'univers réticulaire a aussi investi les utopies. Éternelle promesse, le réseau de communication symbolise la figure d'un monde meilleur, parce que solidaire. De la route au rail jusqu'aux « autoroutes de l'information », cette croyance a rebondi au gré des générations techniques. Mais les réseaux n'ont jamais cessé d'être au centre des luttes pour la maîtrise du monde.

L'homogénéisation des sociétés est inhérente à l'unification du champ économique. Leur fragmentation en est le corollaire. Car, entre la raison marchande et les cultures, entre un système techno-scientifique qui se généralise et le désir d'affirmation de l'appartenance, l'écart se creuse. La distorsion convertit en énigme l'issue de la marche de l'humanité vers l'intégration.

Renouer avec la généalogie de l'espace international s'avère d'autant plus stratégique que les appellations mondialisation/globalisation sont capiteuses, toujours promptes à monter à la tête. Il convient donc de pratiquer à leur égard le doute méthodique et de réfuter l'idée de l'a-topie sociale des mots qui nomment le monde, pour identifier le lieu d'où parlent leurs concepteurs et leurs opérateurs. Leur vertigineuse montée en puissance, scandée par les crises boursières et écologiques, les expéditions militaires, les grand-messes sportives ou autres shows planétaires, a comme envers la chute de l'Histoire dans les oubliettes. Le risque est donc grand de voir s'accroître les difficultés à distinguer la part des chimères et celle des réalités, dans un champ de représentations déjà largement ouvert aux mythologies.

Chapitre I

LES RÉSEAUX DE L'UNIVERSALISATION

L'internationalisation de la communication est fille de deux universalismes : les Lumières et le libéralisme. Tantôt opposés, tantôt convergents, deux projets de construction d'un espace mondial sans entraves cherchent à se réaliser. D'un côté, les « grandes Républiques démocratiques » de l'utopie révolutionnaire ; de l'autre, la « République mercantile universelle » de l'économie classique.

La communication internationale émerge avec le nationalisme moderne qui fait exister le territoire comme fondement de la souveraineté et d'une communauté imaginaire. Dans le sillage de la Révolution française se multiplient les États-nations, cette forme particulière d'organisation contenue en germe dans le traité de Wesphalie (1648) qui avait mis fin à l'ordre régi par la papauté et le Saint Empire romain germanique et qui, fort symboliquement, avait délogé le latin de sa position hégémonique au profit du français. Au cours du XIXe siècle se déploie le système de relations qui connecte ces nouvelles entités nationales entre elles sur la base d'une règle de droit acceptée par toutes. Cessant d'être à géométrie variable, les frontières externes et les découpages administratifs internes de l'État-nation configurent le décor naturel de la révolution industrielle. Étroitement imbriqué dans l'édification de l'espace interétatique, un ordre productif se met en place sous le signe de la division internationale du travail. En 1802, la langue française entérine le projet de cette nouvelle économie politique mondiale en incorporant l'anglicisme « international », forgé vers 1780 par le philosophe utilitariste Jeremy Bentham.

I. – Le torrent des Lumières

1. **Libérer les flux.** – L'invention de la communication comme idéal s'est faite sous le signe des idées de modernité et de perfectibilité des sociétés humaines. Elle est le produit de la croyance en l'avenir.

Les Lumières en ont préparé la naissance en prônant l'échange comme créateur de valeurs. Les ingénieurs des Ponts et Chaussées de l'Ancien Régime ont été parmi les premiers à formaliser une problématique de la communication associée à l'organisation d'un espace national et à la construction d'un marché intérieur en l'appliquant aux routes et aux canaux. En jetant des ponts et en traçant des voies, ils entendaient accomplir les desseins de la raison. En domestiquant la « mauvaise nature », l'irrationnelle, celle qui sépare les hommes et les empêche de s'entraider, ils pensaient faire triompher la « bonne nature », la rationnelle, celle qui assemble, relie et assure la fluidité des flux de la circulation des personnes et des marchandises.

Érigée en principe des Droits de l'homme, la « libre communication de la pensée et des opinions » nargue les frontières. Apostrophant le censeur, Denis Diderot (1713-1784) écrit dans sa Lettre sur le commerce de la librairie rédigée vers 1763 : « Bordez, Monsieur, toutes vos frontières de soldats, armez-les de baïonnettes pour repousser tous les livres dangereux qui se présenteront, et ces livres, pardonnez-moi l'expression, passeront entre leurs jambes et sauteront par-dessus leurs têtes et nous parviendront. »

Le paradoxe des Lumières est que, pour illustrer les bienfaits de la liberté de circulation des idées et des marchandises, les auteurs de l'*Encyclopédie* n'hésitent pas à en appeler à la Chine du despotisme éclairé. Voltaire (1694-1778) salue le rôle qu'y tiennent les gazettes publiées par la cour de Pékin dans la gestion de la chose publique tandis que François Quesnay (1694-1774), premier théoricien des flux de la richesse, invoque la perfection des routes et des canaux dans l'empire du Milieu pour légitimer la devise de l'école physiocratique : « Laissez faire, laissez passer. »

2. **Révolutionner la langue.** – La France de 1789 a voulu mettre en pratique l'idée du pouvoir créateur de l'échange. En universalisant les rapports juridiques et la circulation de l'argent, des biens et des personnes, elle a construit son unité et son identité nationale en même temps qu'elle s'est forgé une identité universelle.

« Une nation, Une loi, Un seul idiome. » En supprimant la barrière linguistique séparant ceux qui, par leur état, étaient seuls susceptibles d'entendre clairement ce qu'ils avaient à se dire et la masse des autres, tenus pour inaptes à communiquer entre eux, la politique révolutionnaire d'unification de la langue visait à absorber les différences et à briser les barrières des particularismes hérités de la féodalité et des monarchies absolues. Le despote, déclare Bertrand Barère en 1794 devant le Comité de salut public, « avait besoin d'isoler les peuples, de séparer les pays, de diviser les intérêts, d'empêcher les communications, d'arrêter la simultanéité des pensées et l'identité des mouvements ». L'unité linguistique délivre les forces du « torrent des Lumières » et convertit chaque imprimeur en un « instituteur public de langue et de législation ».

Pour libérer les échanges, il fallait non seulement « anéantir les patois et universaliser l'usage de la langue française » (titre du rapport rédigé par l'abbé Grégoire en juin 1794), mais aussi « révolutionner la langue elle-même ». Condorcet avait, depuis longtemps, imaginé une « langue universelle » qui reproduirait la certitude de la géométrie et serait le produit de l' « application des méthodes mathématiques à de nouveaux objets ». La politique linguistique des révolutionnaires est hantée par un modèle de « langue universelle » : la *langue des signes.* Le langage des sourds-muets inventé par l'abbé de l'Épée et perfectionné par l'abbé Sicard en fascine plus d'un.

3. **Communiquer par signes.** – L'invention du télégraphe optique par les frères Chappe s'inscrit dans cette quête d'une « langue des signes ». Ce système repose sur un principe linguistique : plus on dispose de signes, moins il en faut

pour transmettre une information, et plus cette transmission est rapide. Dès l'inauguration de la première ligne en 1794, Barère s'exclame : « C'est un moyen qui tend à consolider l'unité de la République par la liaison intime et subite qu'il donne à toutes les parties. Les peuples modernes, par l'imprimerie, par la poudre, par la boussole et par la langue des signes télégraphiques ont fait s'évanouir les plus grands obstacles qui s'opposaient à la civilisation des hommes. » Les spéculations se déchaînent sur les possibles usages civils de cette technique, des penseurs révolutionnaires estimant qu'il suffirait de multiplier les lignes et de libérer leur langage codé pour permettre à tous les citoyens de France de se « communiquer leurs informations et leurs volontés ». Seraient ainsi reproduites, à l'échelle de tout le territoire national, les conditions de l'agora grecque, et, du même coup, volerait en éclats l'objection de Jean-Jacques Rousseau contre la possibilité des « grandes Républiques démocratiques ». Ainsi, très tôt, la technique de communication à longue distance fut promue garante d'une démocratie rénovée.

On sait ce qu'il en advint. Le régime d'exception qui lui avait assigné une fonction militaire et avait décrété l'embargo sur les codes devint la règle. La « langue des signes télégraphiques » est longtemps restée secret d'État. Il fallut attendre une quinzaine d'années après l'invention du télégraphe électrique (1837) pour que l'usage de ce moyen par le public commence à être autorisé. Le socialisme utopique compense cet ostracisme à l'égard de l'expression citoyenne en conférant aux techniques de communication un rôle essentiel dans l'édification de la Cité communautaire. Devançant l'implantation du télégraphe électrique, Charles Fourier (1772-1837) fait du langage des signes la base de l' « unité universelle » et invente la « transmission miragique » qui, relayée par la planète Mercure, met en correspondance Londres et l'Inde en moins de quatre heures.

Construit en étoile à partir de la capitale, comme tous les grands réseaux qui vont suivre et comme le réseau routier qui le précède, le réseau du télégraphe optique sert à communiquer avec les grandes places fortes des frontières et des côtes et les grandes villes. Sous l'Empire, il s'étend jusqu'à Venise, Amsterdam et Mayence et ne perd son envergure internationale qu'à la chute de Napoléon.

4. **Normaliser.** – Communiquer, c'est mettre en norme, supprimer l'aléa. Si les usages sécuritaires prescrits par l'État français au télégraphe optique dérogent à la dynamique des échanges prônée par l'idéal de la communication, d'autres dispositions contribuent à la promouvoir et, ce faisant, à construire un cadre de normes interchangeables qui rend possible la communication « universelle ». C'est la fonction notamment de l'uniformisation du calcul des mesures, ciment des transactions commerciales et base cadastrale de la fiscalité. L'adoption du système métrique de poids et mesures met fin à la multiplicité d'étalons liés aux us et coutumes locaux. La nouvelle unité stable se fond dans la symbolique de la communication. À la Convention nationale en 1792, l'astronome Joseph de Lalande présente le mètre comme un « nouveau lien de fraternité générale pour les peuples qui l'adopteront ». L'abbé Grégoire renchérit et le salue comme un symbole de l'unité nationale et une « vérité bienfaisante qui va devenir un nouveau lien des nations, et une des plus utiles conquêtes de l'égalité ». En 1875, et malgré l'irréductibilité de l'Empire britannique, le mètre entre dans les références internationales. L'universalisation du système métrique entraînait celle de la division décimale de la monnaie. Décrété en 1795, ce principe de fractionnement monétaire est exporté peu après aux États-Unis.

II. – Les avant-postes du libre-échange

1. **La division internationale du travail.** – Pour le fondateur de l'économie classique Adam Smith (1723-1790), le marchand est le citoyen du monde. Le marché cosmopolite est appelé à abolir les forces hostiles qui opposent les nations entre elles et à liquider les vieilles « sociétés mili-

taires ». Garante de l'entente des peuples et des nations, la « République mercantile universelle » a vocation à rassembler le genre humain tout entier dans une communauté économique composée de consommateurs, auxquels les producteurs viennent offrir leurs produits, et qui se fournissent auprès de celui des concurrents dont ils obtiennent au moindre prix la plus grande quantité et la meilleure qualité des objets dont ils ont besoin. Dès 1776, dans son ouvrage sur les causes de la richesse des nations, l'économiste écossais fait de l'individualisme et de la libre concurrence sur un marché unique régenté par la division internationale du travail, la pierre de touche de son régime universel. La communication est fonctionnelle à la division du travail. Indispensable pour gérer au mieux la séparation des tâches au sein de la fabrique, elle l'est aussi pour organiser l'atelier mondial.

« Produire, c'est mouvoir » : cette maxime, chère à John Stuart Mill (1806-1873), fixe l'horizon communicationnel de l'économie politique libérale de la seconde moitié du XIXe. La règle du libre-échange doit gouverner aussi bien l'information que les moyens de transport. Le principe du libre flux de l'information n'étant qu'un corollaire de celui de la libre circulation des marchandises et de la main-d'œuvre. C'est un point que développe plus particulièrement Mill en 1848 dans ses *Principes d'économie politique* quand il dénonce les taxes qui entravent les flux informationnels en grevant les annonces publicitaires, les journaux et les services postaux.

En luttant pour l'abolition des « impôts sur le savoir », obstacle à une presse libre, la philosophie politique du libéralisme s'est révélée être un véritable idéal émancipateur. Elle postulait la sécularisation de la société, faisait de la liberté individuelle le pivot des institutions et cherchait à limiter le pouvoir arbitraire de l'État. Le libre-échange devenu article de foi, le libéralisme économique éclipse ces trois composantes et consacre dans les faits le déterminisme des échanges marchands. C'est l'éclosion de la *market mentality,* pour reprendre l'expression de l'historien de l'économie Karl Polanyi, la naissance d'une « nouvelle société », les mécanismes du marché se diffusant dans l'ensemble du corps social.

Le déploiement des réseaux techniques au cours de la seconde moitié du XIXe poursuit le mouvement d'intégration économique mondiale amorcé au tournant du XVIIe avec l'expansion de la Compagnie hollandaise des Indes orientales (1602) qui monopolise le commerce des épices. Dans un monde qui semble encore ouvrir des possibilités illimitées d'exploration et d'exploitation, les réseaux s'intègrent au nouveau partage de la planète qui recadre les économies nationales.

2. **Le premier espace unifié des flux.** – Le télégraphe électrique lève l'hypothèque de la sécurité intérieure qui, en France, avait grevé le télégraphe optique. Il déclenche des accords bilatéraux de transmission. À la fin des années 1840, un premier traité est signé entre la Prusse et l'Autriche à l'occasion du projet de liaison télégraphique Berlin-Vienne ; il est bientôt suivi par un regroupement régional, l'Union télégraphique austro-allemande et une convention entre la Belgique, la France et la Prusse. En ce domaine comme dans celui des chemins de fer et des postes, la future Allemagne se révèle pionnière dans les projets d'unification des réseaux. Composée d'une mosaïque de territoires, son unification par les techniques de communication anticipe son unification politique.

La vocation transfrontières du télégraphe suscite en 1865 la création d'une institution originale, l'Union télégraphique internationale. Cette organisation tranche sur les modes de concertation alors en vigueur entre États souverains. À la différence des Congrès diplomatiques inaugurés en 1815 qui se veulent un embryon de système politique régulier et multilatéral mais ne font que traduire la mainmise des grandes puissances du « Concert européen » sur les relations internationales, l'Union télégraphique internationale s'ouvre à l'ensemble de la « communauté des nations souveraines ». Destinée à résoudre des problèmes qui s'accommodent mal des frontières étatiques, elle préfigure, à ce titre, l'organisation internationale moderne. Sa mission :

fixer des procédures, des normes, des échelles tarifaires communes aux États membres, et recenser les flux télégraphiques. À l'inverse des autres formes d'accords intergouvernementaux, les décisions prises sont assorties de garanties. La fonction exécutive est remplie par le secrétariat ou bureau international placé sous la responsabilité, non plus de diplomates professionnels, mais d'experts et d'ingénieurs.

Cette formule du bureau est bientôt reprise par l'Union générale des postes (1874), rebaptisée quatre ans plus tard Union postale universelle, la Commission internationale des poids et mesures (1875) qui marque l'aboutissement du système métrique, la Convention pour la réglementation internationale des routes maritimes (1879), l'Union internationale pour la protection de la propriété industrielle (1883), l'Union internationale pour la protection des œuvres littéraires et artistiques (1886) ou encore la Convention pour les transports internationaux par chemins de fer (1890). La formule s'applique dans les domaines les plus variés de la vie sociale et économique à un moment où fleurissent les projets d'harmonisation. Selon l'historien allemand Werner Sombart, 17 accords de coopération intergouvernementaux de ce type sont signés entre 1850 et 1870, 20 entre 1870 et 1880, 31 entre 1880 et 1890, 61 dans la dernière décennie, 108 dans la première décennie du XXe siècle. Parallèlement à l'harmonisation qui facilite les échanges internationaux, s'engage, à partir de l'avant-dernière décennie du XIXe, la normalisation à l'intérieur des entreprises les plus avancées qui cherchent à travailler avec des pièces interchangeables. La très grande demande issue des besoins de la guerre, couplée avec l'offre très faible de travailleurs qualifiés, va doper ce processus.

Vers 1870, le nombre annuel de transmissions télégraphiques est de 30 millions. Au tournant du siècle, il a plus que décuplé et les flux transfrontières représentent un cinquième de ces échanges. Le télégraphe a déjà profondément modifié le statut économique de l'information, les méthodes de collecte, de traitement et de codification. Il a forcé le spéculateur à chercher de nouvelles procédures d'intervention sur les marchés et a intégré au mouvement économique les parties les plus reculées de l'Europe. À la veille de la première guerre, rapporte Sombart, les cotations de la Bourse des blés de Berlin étaient affichées tous les matins dans les villages de Sibérie.

La libéralisation des lignes internationales instaure le premier espace électrique unifié. Cette initiative contraste avec l'attitude protectionniste dont font preuve les mêmes États contractants lorsqu'il s'agit de libérer de toute entrave les flux de marchandises et d'appliquer au pied de la lettre libérale les traités de commerce inspirés par la doctrine du libre-échange, adoptée par l'Angleterre vers les années 1840, et par ses concurrents européens quelque vingt ans plus tard. Si la convergence est à l'ordre du jour en matière de réseaux télégraphiques, elle ne l'est point au niveau de l'intégration économique. La même année où se créait l'Union télégraphique, la France signait un accord d'union monétaire, l'Union latine, avec la Belgique, la Suisse et l'Italie autour du Franc germinal. En 1867, en marge de l'Exposition universelle de Paris, le gouvernement convoquait une conférence internationale et proposait au monde entier de s'aligner sur cette « monnaie unique ». En vain.

3. **Le train, symbole de l'État-nation industriel.** – La première voie ferrée digne de ce nom apparaît en Angleterre en 1830. La construction des réseaux en Europe continentale connaît son apogée vers les années 1870.

Le train constitue avant tout l'emblème du progrès et de la révolution industrielle dans le périmètre de l'État-nation. Plus d'un demi-siècle sépare l'inauguration de la première ligne et la création de la Conférence internationale des chemins de fer. Quant à la norme d'écartement des rails, si la plupart des pays européens adoptent sur leur territoire la norme du Britannique Stephenson, l'inventeur de la locomotive, l'Espagne et la Russie préfèrent y renoncer pour des raisons de défense nationale.

La norme d'écartement des rails éclate non seulement

dans les colonies mais dans les États souverains dépendants. Chaque puissance, voire chaque constructeur, suit une norme différente. Orienté exclusivement en fonction des besoins des métropoles, le modèle d'implantation des lignes ferroviaires est celui de la « voie de la pénétration », fonctionnelle à l'impératif du commerce et de l'exploitation des ressources naturelles. Caricaturale dans les colonies d'Afrique, où le train s'installe dans le dernier quart de siècle, cette territorialisation excentrique l'est aussi dans de grands pays politiquement indépendants mais économiquement subordonnés. C'est le cas du Brésil où, à l'instar des autres pays du cône sud, la présence des intérêts britanniques, et secondairement français, est déterminante : à la fin du siècle, il y aura non moins de cinq réseaux locaux indépendants autonomes, chacun se déployant en éventail centré sur un port et ouvert vers son *hinterland* de mines et de plantations. Cette construction orientée vers l'extérieur prévaut également dans la zone géopolitique dénommée « Méditerranée américaine » (la Caraïbe et l'Amérique centrale). Les contrats léonins de concession de lignes de télégraphe, de transport maritime et de chemins de fer arrachés, vers les années 1880-1890, aux oligarchies locales par les grandes plantations comme l'United Fruit, avant-garde des groupes agro-alimentaires modernes, sont étroitement liés à la formation du concept de « république bananière ». L'imbroglio ferroviaire atteint son comble dans l'empire de Chine de la fin du siècle où les voies qui partent des ports et des concessions sont construites selon cinq standards d'écartement, russe, japonais, anglo-américain, allemand et franco-belge.

4. **Le temps mondial des gestionnaires.** – L'organisation ferroviaire est le prélude à l'instauration de l'heure universelle. La régulation du trafic exigeant l'adoption d'une heure nationale pour mettre fin à la dispersion des heures locales, les chemins de fer britanniques alignent leur « heure légale » sur le temps du méridien de Greenwich. Lorsque la communauté internationale décide en 1884 de synchroniser les diverses heures nationales, c'est cette même heure de

Greenwich qui va servir de repère pour calculer le temps universel. Au grand dam de pays comme la France (qui propose l'heure du méridien passant par l'Observatoire de Paris), l'Espagne et le Brésil qui interprètent cette mesure comme un aval symbolique à la puissance victorienne, et qui ne s'y plient qu'en 1911.

À la construction de cette rationalité du capitalisme moderne à vocation mondiale, l'entreprise ferroviaire apporte deux autres matériaux de base. Les sociétés de chemins de fer – et aussi, dans une certaine mesure, celles des télégraphes – représentent les premières grandes entreprises modernes. Elles éprouvent avant toutes les autres le besoin d'innover en matière d'organisation afin de gérer des flux continus de biens, de services et d'informations sur une grande échelle, elles deviennent ainsi le ban d'essai des méthodes du management moderne. En fait, elles inventent le *managerial capitalism* (ou capitalisme gestionnaire), selon les termes de l'historien des entreprises, Alfred Chandler, qui voit là la naissance des compagnies « multidivisionnaires », les premières à employer un grand nombre de cadres pour coordonner, surveiller et évaluer les activités de plusieurs unités d'exploitation dispersées. Par ailleurs, exigeant un large recours aux emprunts étrangers, la construction des réseaux de chemins de fer à travers le monde stimule l'internationalisation des marchés financiers, et entraîne le pilotage des entreprises par le capital financier. La moitié des capitaux exportés au cours du XIXe servent, en effet, à financer les chemins de fer, les ports, les canaux et d'autres équipements publics ; les mines, les plantations et les entreprises industrielles en captent un tiers à peine, et le reste échoit aux installations commerciales, bancaires et autres. Les banques commerciales qui relèguent au second plan la Haute Banque forgent à travers le monde leurs réseaux d'agences.

III. – La construction de la puissance mondiale

1. Le câble sous-marin et la *Pax britannica*. – Le XIXe installe l'Empire britannique comme le nouveau pôle économique et financier vers lequel convergent les grands flux des richesses et aussi de la communication à distance. Londres devient le centre d'une « économie-monde » au sens où l'entend l'historien Fernand Braudel. Un centre à partir duquel les autres puissances, les zones intermédiaires et les régions périphériques s'organisent et se distribuent hiérarchiquement. Le câble sous-marin est une des illustrations les plus éloquentes de l'hégémonie victorienne.

Le premier câble sous-marin est inauguré en 1851. Il relie Calais à Douvres, et Paris à la place financière de Londres. Quinze ans plus tard, après trois essais infructueux, est installé le premier câble transatlantique. Une ligne directe posée entre Malte et Alexandrie permettait déjà à Londres de communiquer directement avec l'Inde. Vers les années 1870, le réseau britannique se déploie vers l'Asie du Sud-Est, l'Australie, la Chine ; et aussi vers les Antilles et l'Amérique du Sud. Le câblage de l'Afrique s'effectue un peu plus tard, à la fin des années 1880 et au début des années 1890. Le dernier maillon du réseau mondial britannique, le Transpacifique, est bouclé en 1902. À cette date, le système câblier de l'empire victorien représente les deux tiers du réseau mondial et sa flotte de bateaux câbliers est dix fois plus importante que la française. D'un point de vue géostratégique, le fait que, à la différence de la France où il est placé sous la gestion de l'État, le câble sous-marin britannique relève de compagnies privées, ne change rien à l'affaire tant sont étroits les liens entre les logiques commerciales et diplomatiques. Épaulée par l'Amirauté et le savoir-faire de ses services cartographiques, l'expansion des compagnies privées s'appuie sur le contrôle des matières premières (cuivre et caoutchouc), la frappe financière, la maîtrise de la filière technologique câblière (fabrication, pose, exploitation) qui ne fait que s'ajouter à la suprématie de la Navy et des grandes lignes maritimes à vapeur établies à Londres. Le système britannique constitue un intermédiaire obligé pour les communications officielles des autres gouvernements. Ainsi, quand en 1898 éclate la crise de Fachoda, qui voit s'affronter le plan d'expansion de l'empire colonial français d'ouest en est et celui, nord-sud, du britannique, Paris ne peut communiquer avec le Soudan et le chef de l'expédition française qu'à travers les liaisons contrôlées par son rival.

Les premiers signes de contestation de l'hégémonie britannique se manifestent à partir des années 1890. Le Post Office ayant refusé d'autoriser le transit de son territoire par un câble transatlantique allemand, Berlin choisit de mettre les bouchées doubles pour maîtriser l'ensemble de la filière technologique, depuis le constructeur jusqu'à l'opérateur. En 1900, le Kaiser inaugure un premier câble Emden-New York via les Açores, et, deux ans plus tard, un second. En 1903, les États-Unis posent leur propre câble transpacifique reliant San Francisco par Honolulu et Guam à Manille. Cinq ans auparavant, ils avaient ravi les Philippines à un empire espagnol moribond.

2. **Le partage des fréquences.** – En 1901, Guglielmo Marconi ouvre l'ère des radiocommunications transatlantiques en faisant franchir l'Océan à la lettre *s*. La Navy, le War Office et le Post Office sont les premiers à s'intéresser aux brevets de cet ingénieur italien. L'acquisition de leur propriété exclusive par la firme britannique Marconi Co. marque le début de la tentative britannique de garantir un cadre institutionnel, pour l'internationalisation de cette nouvelle technologie, qui s'inspire du même schéma que celui en vigueur pour le câble sous-marin. Mais l'Allemagne qui dispose de brevets mis au point par ses firmes Siemens et AEG, et fonde en 1903 Telefunken pour les exploiter, s'interpose. À son initiative, deux conférences internationales se tiennent à Berlin, en 1903 et 1906. La thèse anglaise sur la nécessité d'imposer un seul type d'appareil pour la transmission des signaux est mise en minorité, et la libre concurrence ouverte à l'intérieur du club très privé des propriétaires de brevets d'une technologie qui restera à usage militaire jusqu'à la fin de la première guerre mondiale. La réunion de 1906 crée l'Union radiotélégraphique internationale. Elle règle le problème des interférences et dessine les bases

d'un ordre inégal de la communication mondiale. Les puissances maritimes, principaux usagers de ces technologies, imposent la règle, de nature impériale, du « premier arrivé, premier servi ». Il suffit à un pays de notifier à l'Union son intention d'utiliser une longueur d'ondes pour en devenir allocataire. Cette règle aboutit à la quasi-monopolisation du spectre radiophonique mondial par une minorité. Elle exprime, dans le domaine des communications, l' « échange inégal », cet écart entre les systèmes productifs qui va croissant avec l'essor scientifique et technique. En 1800, la différence entre le produit national brut par tête du Nord et du Sud était insignifiante ; à la fin de l'Âge des empires (1875-1914), l'écart est de 3 à 1.

Dès les premières années du XXe, les milieux socialistes, toutes tendances confondues, cherchent à définir la nature de cette logique de la valeur d'échange qui caractérise le développement inégal. Ils forgent le concept d' « impérialisme ». Au cœur de leurs analyses : la formation des grands cartels et trusts destinés à organiser le marché, c'est-à-dire à limiter cette concurrence que Adam Smith voulait libre ; en premier lieu, les cartels de l'industrie électrotechnique, les trusts de l'énergie ainsi que les compagnies de chemins de fer, alliées à la sidérurgie.

Lors de la Conférence de Berlin de 1906, la réglementation internationale du téléphone, breveté par Edison en 1876 et régi par des accords bilatéraux, apparaît comme représentant moins d'enjeux que celle des radiocommunications. Il faut dire que l'internationalisation de ce réseau est encore limitée. La première transmission de Paris vers Bruxelles avait eu lieu en 1887, vers Londres trois ans plus tard. Le téléphone n'acquiert une dimension vraiment mondiale qu'en septembre 1956, avec la mise en service du premier câble téléphonique sous-marin transatlantique, peu avant le lancement du premier satellite artificiel.

3. **La guerre et la géopolitique.** – Un lien étroit va exister entre l'essor des technologies de communication et les conflits qui éclatent dans la seconde moitié du XIXe. La guerre

de Crimée (1853-1856) voit la pose du premier câble à travers la mer Noire, et l'établissement de lignes télégraphiques directes, tant sur le terrain des opérations qu'entre les états-majors et les gouvernements de Londres et de Paris. L'invasion du Mexique par son voisin du Nord – ce sera la première fois qu'apparaîtra formulée explicitement la doctrine expansionniste de la *Manifest Destiny* – a révélé, dès 1846, l'utilité du télégraphe électrique en matière d'opérations militaires et de transmission de nouvelles. Mais c'est la guerre de Sécession (1861-1865) qui délivre aux stratèges militaires les enseignements les plus précieux sur les usages du « cheval de fer » et des lignes télégraphiques. Beaucoup d'armées, à commencer par la prussienne, y puisent leur projet de logistique, cet art de mouvoir les armées, et se dotent de « troupes de communication ». Avant que n'éclate le premier conflit mondial, deux guerres, celle des Boers (1899-1902) et la guerre russo-japonaise (1904-1905), confirment, la première, le poids décisif du train et du télégraphe, et, la seconde, le rôle des radiocommunications. L'Angleterre s'empressa de tirer les leçons de ce conflit en faisant de la radiotélégraphie un monopole d'État, l'attribuant au Post Office sur lequel l'Amirauté exerçait son droit de regard.

Contrôler les complexes géo-communicationnels ne va pas sans entraîner tensions nationales et internationales. En Chine, le Mouvement pour le rachat et la nationalisation des chemins de fer qui exige la construction de lignes vers les capitales provinciales converge avec l'insurrection républicaine de Wuhan, et fait tomber en 1911 un empire millénaire. Dans le cadre de la fameuse « Question d'Orient », l'Empire ottoman, en octroyant, au tournant du siècle, à l'Empire allemand la concession d'un câble liant Constance à Constantinople et celle de la ligne de chemin de fer vers Bagdad, et, à terme, vers le golfe Persique, met en ébullition les empires rivaux. L'Angleterre et la France y voient en effet l'expression du projet expansionniste du pangermanisme qui cherche à mener à bien sa devise *Drang nach Osten* en consolidant sa position dans une région qui s'ouvre sur les champs de pétrole. Court-circuiter l'Empire britannique en contournant le canal de Suez est une obsession constante des stratégies d'expansion ferroviaire vers l'Orient. Sous-jacente au projet pangermaniste, elle préside également à la construction du Transsibérien. Commencée en 1891 et achevée en 1903, la liaison Moscou-Vladivostok (8 156 km) ouvre une fenêtre sur l'Extrême-Orient et donne à l'empire tsariste des positions stratégiques de premier ordre.

C'est dans le contexte du pangermanisme, que Friedrich Ratzel publie en 1897 le premier traité de géopolitique intitulé *Politische Geographie*, qui jette les bases d'une « science de l'espace », prémices d'une science des réseaux. Les réseaux « vitalisent » le territoire. L'auteur en avait saisi l'importance en se confrontant d'abord, sur le terrain, avec l'espace américain en plein dynamisme. Forgeant le concept de « puissance mondiale », ce texte théorique aborde la dimension spatiale des relations internationales sous un angle planétaire. On y remarque aussi l'émergence d'une idéologie biologisante, l' « idéologie spatialiste » avec ses notions d' « espace de vie » ou de « frontières naturelles », source de légitimité pour beaucoup d'expansionnismes futurs : l'espace vital comme expression des lois du territoire animal qui justifie la guerre, les conquêtes et les empiétements.

IV. – Les utopies de la communication universelle

1. **L'Association universelle.** – Dès la première moitié du XIXe, se consolide en France le socle de l'idéologie rédemptrice de la communication dans sa modalité internationale. « Enlacer l'univers » ; « Tout par la vapeur et l'électricité » : ce sont les mots d'ordre des disciples du philosophe français Claude-Henri de Saint-Simon (1760-1825).

À la vision économiste de la division internationale du travail proposée par Smith, accusée de creuser l'écart entre riches et pauvres, Saint-Simon oppose au tournant des années 1820 l'utopie de l' « Association universelle sous le point de vue de l'industrie », l'exploitation du globe terrestre par les « hommes associés », travaillant, sous une impulsion commune, à l'accomplissement d'un but commun. La planète, pense Saint-Simon, doit être « administrée » par les industriels comme une « grande société d'industrie » et non plus « gouvernée » par un État tutélaire. Cet axiome fonde le « savoir positif » sur la gestion des hommes. Dans ce projet de restructuration, le réseau devient la figure emblématique de la nouvelle organisation sociale.

Cette théorie réorganisatrice doit permettre de sortir la société contemporaine de la double crise dans laquelle elle se débat. Premièrement, la crise qui se prolonge depuis 1789 et qui a son origine dans le « savoir négatif » des Lumières et ses dérives révolutionnaires. Légitime lorsqu'il s'agissait de saper l'Ordre ancien, l'attitude critique est devenue contre-productive pour créer un nouvel ordre social et assurer le « passage du système féodal et théologique au système industriel et scientifique ». Deuxièmement, la crise qui provient du fait d'une « Europe désorganisée », n'arrivant pas à reconstituer un « système de paix international » perdu depuis la fin de l'unité du monde chrétien.

2. **Le déterminisme des réseaux.** – Saint-Simon était demeuré un homme du réseau routier, admirateur des Ponts et Chaussées. En 1832, sept ans après sa mort, son disciple Michel Chevalier (1806-1879), un des fondateurs de l'éphémère Église saint-simonienne, adhère à une conception déterministe des réseaux de la « civilisation circulante ». Le rail et la locomotive sont pourtant encore loin d'avoir révélé leur potentiel de structuration des espaces. Ce n'est que deux ans auparavant que l'Angleterre a posé la première ligne de chemin de fer digne de ce nom. Les autorités françaises, elles, en sont toujours à supputer les mérites de cette invention. Il faut attendre 1842 pour que soit votée, à Paris, la loi fondatrice du réseau national. Qu'à cela ne tienne, Chevalier se veut visionnaire.

Tout comme son maître, il estime que les « réseaux spirituels » ou de crédit financier et les « réseaux matériels » ou de communication ont une fonction de cohésion de ce grand corps qu'est l'organisme social. Les réseaux ferrés, en articulation avec les lignes maritimes et la communication à longue distance, seront, pense-t-il, les vecteurs de l'Association universelle. Une association qui doit débuter par la formation d'un « Système méditerranéen » et dont les ingénieurs et ouvriers viendront de la reconversion de l'armée aux tâches civiles. Viatique de remplacement de la religion (du latin *religare*, relier), la communication a, comme elle, pour fonction de « relier » les membres disjoints d'une communauté enfouie et de tirer de leur engourdissement les civilisations assoupies, de la Grèce à l'Asie Mineure, de l'Espagne à la Russie. La solution consiste à « placer près d'eux les exemples d'un mouvement extraordinaire, à les exciter par le spectacle d'une prodigieuse vélocité, et à les inviter à suivre le courant qui circulera à leur porte ». La question de la démocratie, dont Chevalier fait une variable dépendante du développement technique et industriel, est loin d'être au centre de son souci d'aménagement de la planète. Mais cela ne l'empêche pas d'entonner une antienne : la communication réduit les distances non seulement d'un point à un autre, mais encore d'une classe à une autre classe. Améliorer les communications, c'est donc nécessairement « faire de l'égalité et de la démocratie ».

Une fois dissoute l'Église saint-simonienne et finies les grandes perspectives de l'époque militante, le saint-simonisme se contente d'exprimer une pensée managériale avant la lettre et symbolise l'esprit d'entreprise de la seconde moitié du XIXe. L'idéologie rédemptrice des réseaux, créateurs du lien universel, légitime le positivisme gestionnaire. Les nouveaux entrepreneurs de l'industrialisme jettent les bases de l'espace réticulaire international en créant des compagnies de chemins de fer et de lignes maritimes, en fondant des établissements de crédit et en perçant les canaux interocéaniques.

3. **L'internationalité des réseaux sociaux.** – Fidèles à l'aspiration vers une société plus juste entrevue à l'origine par Saint-Simon, les déçus du saint-simonisme se détour-

nent de la vision techniciste du réseau présenté comme déterminant une nouvelle société. Ils sont nombreux à rejoindre les files des précurseurs du socialisme qui mettent dans les réseaux sociaux tous leurs espoirs pour « enlacer l'univers ». Beaucoup se reconnaîtront dans les propos tenus par Pierre-Joseph Proudhon (1809-1864), dans son ouvrage intitulé *Des réformes à opérer dans l'exploitation des chemins de fer* (1855) où il critique ceux qui confondent le « mouvement mercantile » et le « mouvement intellectuel » : « Ce qui fait circuler les idées, comme on dit, ce ne sont pas les voitures, ce sont les écrivains, c'est la discussion politique, la presse libre... La longueur des chemins de fer exploités en France a été triplée. Nous ne voyons pas que depuis cette époque la moindre idée circule. »

C'est dans la mouvance d'une pensée axée sur le réseau social qu'apparaît en 1843 la notion d' « internationalité » sous la plume d'une pionnière du féminisme, Flora Tristan (1803-1844), elle-même au croisement de cultures puisque de mère française et de père péruvien. À la base de son projet d'Union ouvrière, le « nouveau principe de l'internationalisme » (notion que l'on retrouve cinq ans plus tard, dans le *Manifeste communiste* de Marx et Engels). Au sommaire du projet de l'hebdomadaire de l'Union ouvrière, figure en premier le titre suivant : « Des intérêts généraux, c'est-à-dire des intérêts internationaux européens et du monde entier ». Le « cosmopolitisme démocratique » devient le cri de ralliement de nombreux mouvements qui, joignant le geste à la parole, créent leur propre presse, ont souvent leurs chansonniers et sillonnent les routes pour diffuser leurs idéaux de « confraternité » et de « solidarité des nations et des individus ». La Première Internationale des travailleurs s'institutionnalise à Londres en 1864. Dans ses statuts, on lit : « L'émancipation du travail, n'étant un problème ni local, ni national, mais social, embrasse tous les pays dans lesquels existe la société moderne, et nécessite, pour sa solution, le concours théorique et pratique des pays les plus avancés... L'Association est établie pour créer un point central de communication et de coopération entre les sociétés ouvrières des différents pays aspirant aux mêmes buts, à savoir : le concours mutuel, le progrès et le complet affranchissement de la classe ouvrière. » Dix ans plus tard, la Première Internationale est dissoute. La pensée universaliste fait crise après un triple échec : la guerre franco-prussienne ramène sur le devant de la scène les patriotismes ; l'écrasement de la Commune de Paris sonne la défaite de la minorité des « internationalistes » et de leur devise « Le drapeau de la Commune est celui de la République universelle » ; la conception de la machine étatique, les buts et les moyens d'action font s'affronter les diverses composantes du mouvement ouvrier. Bientôt ces divergences vont dessiner la carte des grandes fédérations syndicales et de leurs alliances internationales. Avant de se dissoudre, la Première Internationale a vu s'affronter deux conceptions de l'État autour de l'idée de « service public » appliquée à la gestion des réseaux de chemins de fer.

Sympathisant du premier saint-simonisme, le romancier Eugène Sue diffuse, entre 1830 et 1875, son utopie de réforme sociale et de réconciliation pacifique entre les riches et les pauvres dans ses romans-feuilletons. Les récits de cet ancien chirurgien de la marine, profondément influencé à ses débuts par l'école anglaise du roman gothique et sa représentante majeure, Ann Radcliffe, popularisent un genre nouveau, précurseur de la culture de masse et de l'industrie culturelle et une des premières expressions de la littérature en série à franchir les frontières. Quant à Jules Verne, à travers les exploits des héros prométhéens du progrès qu'il met en scène entre 1860 et 1906 dans les réseaux de la vapeur et de l'électricité qui maillent le globe, il prolonge les rêves généreux des premiers socialistes utopiques.

4. **Les Expositions universelles.** – Un médium a la faveur du saint-simonisme et contribue à la formation de l'imaginaire communicationnel : les grandes Expositions universelles. Ces événements font de Paris, qui en organise cinq, la « capitale culturelle du XIXe siècle ». Dans ces « enceintes pacifiques du progrès », non seulement on expose les produits de l'économie des diverses nations, mais un grand

nombre d'associations internationales, gouvernementales et non gouvernementales, voient le jour et tiennent leurs congrès autour des sujets les plus divers. Expositions et inventions techniques s'épaulent pour propager la rhétorique de la paix et de la communion des peuples : « Tous les hommes deviennent frères. » Chaque génération technologique est une occasion de scander les grands récits de la concorde générale et de la réconciliation des antagonismes sociaux sous l'égide de la civilisation occidentale. Fort symboliquement, la première Exposition, qui se tient au Crystal Palace de Londres en 1851, inaugure le premier câble sous-marin international, entre Douvres et Calais.

La métaphore de l'éclair va scander le grand récit du câblage de la planète. En 1855, Victor Hugo évoque le « prodigieux fil électrique qui rattachera les continents aux continents par l'idée devenue éclair, et qui, fibre colossale de la vie universelle, fera du globe un cœur énorme ayant pour battement la pensée de l'homme ». Dix ans plus tard, le Quai d'Orsay célèbre le télégraphe, « fil électrique sur lequel la pensée, comme emportée par la foudre, vole à travers l'espace et permet d'établir un dialogue rapide, incessant ».

L'Exposition qui clôture le siècle voit le triomphe du cinéma. Le film va faire entrer la mythologie de la communication universelle dans l'ère de l'image qui devient un autre des symboles de la fin des inégalités entre les classes, les groupes et les nations. « Les images animées, écrira le romancier américain Jack London (1876-1916) dans la revue *Paramount Magazine* de février 1915, abattent les barrières de la pauvreté et de l'environnement qui barraient les routes menant à l'éducation, et distribuent le savoir dans un langage que tout le monde peut comprendre. Le travailleur au pauvre vocabulaire est l'égal du savant... L'éducation universelle, c'est le message... Le temps et la distance ont été annihilés par le film magique pour rapprocher les peuples du monde... Regardez, frappé d'horreur, les scènes de guerre, et vous devenez un avocat de la paix... Par ce moyen magique, les extrêmes de la société se rapprochent d'un pas dans l'inévitable rééquilibrage de la condition humaine. »

5. **Les nouvelles arcadies de l'électricité.** – Avant même ses applications industrielles et domestiques, l'énergie électrique a nourri les imaginaires de la communication. En 1852, un ouvrage de langue anglaise, *The Silent Revolution*, envisageait l'harmonie sociale de l'humanité sur la base d'un « réseau parfait de filaments électriques ». À la fin du XXe, l'anarchiste et géographe russe Pierre Kropotkin (1842-1921), critique acerbe des effets déprédateurs de l'industrialisme, fait de l'électricité le départ de l'ère néo-technique.

À la notion libérale de division du travail qui élève des parois entre les groupes, les classes, les peuples et les nations, et à l'interprétation néo-darwiniste de l'histoire comme concurrence vitale, Kropotkin oppose l'histoire des formes successives de l' « aide mutuelle et réciproque », l'histoire de l'intégration progressive des groupements humains. Seul paramètre, à ses yeux, pour juger de l'évolution de la planète vers une communauté mondiale. L'énergie électrique est le moyen de renouer avec le cours de l'histoire de cette logique communautaire qui portent les humains à être solidaires les uns des autres. Secouant les lourdeurs de l'ère paléotechnique, caractérisée par la mécanique, les concentrations et les empires, cette nouvelle étape de l'histoire de l'humanité va faire émerger une société horizontale et transparente. Seul le modèle industrialiste a pu empêcher le développement de ces potentialités libératrices de l'électricité. Déconcentration et décentralisation : la nouvelle énergie ouvre l'âge de la réconciliation entre la ville et la campagne, le travail et le loisir, le cerveau et les mains. Contribuant à la réflexion sur l'aménagement régional, ce mouvement de pensée influencera longtemps les utopies de l'urbanisme.

Le contraste est frappant entre le discours utopique sur les promesses d'un monde meilleur par le truchement des techniques et la réalité des luttes pour le contrôle des dispositifs communicationnels, l'hégémonie sur les normes et les systèmes. À l'aube de l'ère néo-technique, en 1881, se tenait à Paris la première Exposition internationale de l'électricité. Dans le cadre de cet événement, se réunirent les délégués des puissances propriétaires des brevets de cette invention afin de décider de l'adoption des unités de mesure universelles, tels l'ampère, le volt, etc. À la différence des Expositions universelles, aucun État souverain de la périphérie ne fut convoqué à ce sommet.

Chapitre II

LA FABRIQUE CULTURELLE

Le XIXe siècle invente les *news* et l'idéal de l'instantanéité de l'information. Entre 1830 et 1850, se créent les grandes agences. À partir de 1875, se constituent les groupes de presse. Les premiers genres écrits de la production culturelle de masse font leur apparition. Avant même que n'éclate la première guerre, les industries du film et de la musique révèlent leur potentiel d'exportation.

I. – L'industrie de l'information

1. **Les agents de la *news value*.** – Au cœur du système mondial des nouvelles, il y a le dispositif de collecte et de diffusion des agences de presse. Non seulement elles maillent le globe de leurs réseaux de correspondants, mais elles interviennent dans les projets de câbles sous-marins.

L'agence Havas, ancêtre de l'Agence France-Presse (AFP), est fondée en 1835. L'allemande Wolff en 1849 et la britannique Reuter en 1851. Havas combine nouvelles et activités publicitaires. Reuter accorde un soin particulier à ses services d'informations économiques. Les agences américaines AP (Associated Press) et UP (United Press) sont lancées respectivement en 1848 et en 1907. Seules les trois agences européennes sont d'envergure internationale. À travers un traité d'alliances conclu en 1870, cette triade partage le monde en « territoires » ou sphères d'influence. C'est l'éclosion d'un marché de l'information pensé mondialement selon des intérêts géopolitiques. Chacune s'engage à ne pas distribuer dans les « territoires » des deux autres. Reuter se réserve l'ensemble de l'Empire britannique, la Hollande et ses colonies, l'Australie, les Indes orientales et l'Extrême-Orient. À Havas échoient la France, l'Italie, l'Espagne, le Portugal, le Levant, l'Indochine et l'Amérique latine. Wolff est axée sur l'Europe centrale et septentrionale (marchés qui lui sont retirés à la fin de la guerre de 1914-1918). Certains territoires comme l'Empire ottoman et l'Égypte font l'objet d'un accord d'exploitation commune, tandis que d'autres, tels les États-Unis, sont déclarés « neutres ». Cette organisation oligopolistique renforce le monopole de chaque agence sur son propre marché national. La règle des cartels et des « territoires » va durer pendant plus d'un demi-siècle.

L'implantation tardive des agences américaines sur la scène mondiale n'empêche pas le modèle de presse des États-Unis de peser sur l'évolution de la presse française dans la période particulièrement cruciale où les quotidiens, affranchis par la loi dite sur la liberté de presse de 1881, cherchent à capter un marché populaire. En 1883, un journal de langue anglaise, le *Morning News,* est créé à Paris. En 1884, s'inspirant de cette courte expérience, paraît *Le Matin* animé par une équipe de journalistes où figurent de nombreux Anglais et Américains. Un peu plus tard, le *New York Herald* lance une édition européenne depuis la capitale française. Pour les quotidiens parisiens et l'agence Havas qui privilégient encore les nouvelles politiques et diplomatiques, partie noble du métier, c'est le choc. Ils se trouvent confrontés à un modèle de journalisme qui accorde la priorité à la *news value,* l'*human interest*. Une information mise en épingle, rapide, concise comme peut l'être le message télégraphique, utile, traquant les faits divers. D'après l'historien des médias Michael Palmer, c'est de cette première rencontre avec le modèle professionnel d'outre-Atlantique que date la notion d' « américanisation », tout au moins dans le champ de la presse quotidienne.

1898 est une année-charnière pour la légitimation de l'information internationale. C'est l'année de trois événements riches en « intérêt humain » : la crise de Fachoda, ce village du Soudan, point d'orgue de la rivalité entre le projet colonial français et celui de l'Empire victorien ; l'affaire Dreyfus et le débarquement des *Marines* dans l'île de Cuba. Pour précipiter la guerre dans l'île des Caraïbes, une des dernières possessions d'un empire espagnol moribond aux prises avec une rébellion des autochtones, la presse à sensation de William Randolph Hearst, clone du *Citizen Kane* immortalisé plus tard par Orson Welles, déchaîne une gigantesque campagne d'intoxication qui trouve ses relais dans des manifestations de rue. Images de misère et de famine, des femmes et des enfants d'une maigreur squelettique parqués par l'armée espagnole dans les camps de regroupement, les *reconcentrados,* pour éviter tout contact avec les insurgés : les clichés de cette mobilisation des affects font le tour du monde et deviennent l'alibi d'une intervention impériale d'un nouveau type, puisque non coloniale. On connaît l'anecdote qui résume bien l'extravagance du moment : Hearst expédie à La Havane un reporter et un célèbre dessinateur, Frederic Remington, qui, de la capitale cubaine, télégraphie à son patron : « Rien à signaler. Tout est calme. Il n'y aura pas de guerre. Voudrais rentrer. » Hearst lui répond sur-le-champ : « Vous prie de rester. Fournissez illustrations, je fournirai la guerre. » Lors de la première guerre mondiale, ces dérives de la presse à sensation serviront de contre-référence à l'état-major français pour légitimer la censure en temps de guerre.

Décisives dans le rapport guerre/information, les dernières décennies le sont aussi au plan de l'information financière. En 1888, une centaine d'années après le lancement du *Times,* doyen des quotidiens modernes, le *Financial Times* sort son premier numéro à Londres. L'année suivante, paraît à New York le *Wall Street Journal.*

2. **L'information stratégique.** – Parallèlement à l'information de presse, se mettent en place les premiers dispositifs d'observation et d'analyse du marché international. En 1899, l'agence américaine J. Walter Thompson, archétype de l'agence de publicité moderne, fondée quelque quarante ans auparavant, installe à Londres un bureau de conseil aux industriels européens désireux d'exporter vers les États-Unis. En 1888, cette agence avait lancé le premier annuaire bilingue (français-anglais) pour initier les Européens aux arcanes du marché et de la presse des États-Unis. Elle

avait également créé, au sein de son siège central, un département orienté vers l'Amérique latine. Les premières campagnes de publicité lancées en Europe par la filiale londonienne pour des marques américaines attendront les années 1920.

Les entreprises de renseignements commerciaux (qui à leurs débuts s'occupent surtout des informations relatives au crédit et à la solvabilité des firmes) se créent vers les années 1830 en Angleterre, vers 1840 à New York, en 1857 en France et trois ans plus tard en Allemagne. À la veille de la première guerre, Berlin est le siège d'une des plus grosses firmes mondiales de renseignements stratégiques, fruit de la fusion, en 1887, de la société W. Schimmelpfeng et de la Bradstreet Co. En 1890, cette firme qui traite aussi bien des fichiers systématiques sur des entreprises à partir de statistiques publiées que d'opérations d'espionnage industriel employait 106 personnes ; en 1914, elle en compte 2 400 et le nombre des filiales est passé de 15 à 100. Cette culture du renseignement stratégique, calquée sur les méthodes d'état-major de l'Empire allemand, a émigré vers le corps consulaire, restructuré de fond en comble.

La légitimation du renseignement économique dans l'Europe du XIXe achève un long parcours. Elle confirme l'hypothèse de l'historien américain David Landes selon laquelle un des facteurs de l'avance des « sociétés occidentales » dans le processus d'industrialisation a été la « passion d'apprendre des autres ». Innovation rimant avec imitation, la pratique de l'espionnage industriel court comme un fil rouge tout au long de l'histoire moderne de l'Europe, d'autant plus que les autres sociétés étaient moins entreprenantes à cet égard et connaissaient des avancées non négligeables dans des domaines essentiels de la technique. De là, par exemple, le cheminement des importations de Chine (la manivelle, la poudre à canon, le compas, le papier, et très vraisemblablement l'imprimerie).

II. – Vers l'industrialisation de la culture

1. **Les genres précoces de la culture de masse.** – La littérature en série ou « littérature industrielle », selon l'expres-

sion inaugurée par Sainte-Beuve, prend sa forme définitive en France à partir des années 1830-1840. Les lois du genre se situent au carrefour de traditions de littérature populaire appartenant à des cultures aussi différentes que celles de l'Angleterre et de l'Espagne. Première formule exportable d'une culture destinée à un vaste public, le roman-feuilleton devient le vecteur d'une véritable « internationale du sentiment ». Objet de multiples traductions, sa matrice est reprise dans de nombreux pays qui l'adaptent aux mentalités locales. La cristallisation du genre est liée à l'histoire de la presse puisqu'il naît dans son giron comme moyen de faire grimper les tirages, au même titre que la publicité et l'autre genre pionnier, les *comics*.

Si l'Europe lègue à la culture industrialisée le genre mélodramatique, les États-Unis, eux, donnent les *comics*. Ce type de bandes dessinées apparaît dans les suppléments dominicaux des quotidiens du dernier tiers du siècle au cours de la lutte acharnée que se livrent les magnats de la presse de New York, Joseph Pulitzer et William Randolph Hearst. Les *comics* commencent à acquérir leurs conventions caractéristiques vers 1895. Division du travail et standardisation de la production vont de pair avec internationalisation. Celle-ci est assurée par un mécanisme novateur, le *syndicate,* un intermédiaire omnipotent. Propriétaire exclusif des droits d'auteur, il peut retoucher, modifier les dialogues et choisir d'autres auteurs. Des pratiques de ce type qui confèrent les droits de copyright au seul producteur expliquent le refus obstiné du gouvernement des États-Unis de s'affilier à l'Union internationale de Berne pour la protection des œuvres littéraires et artistiques, ratifiée en 1886 par seulement dix États. Un siècle plus tard, les États-Unis en seront encore à contester le concept de « droit moral » de l'auteur, pierre d'angle de la Convention de Berne, dont un des premiers initiateurs avait été Victor Hugo.

Le premier *syndicate,* International News Service, est créé par Hearst dès 1909. En plus de ses bandes dessinées, l'agence vend à la presse les droits de reproduction et de traduction de matériels les plus divers, articles, reportages, jeux ou mots croisés. Le groupe Hearst fonde un second *syndicate* en 1915, le King Feature, appelé à devenir le plus important distributeur mondial de *comics*. En 1929, à son tour, l'agence de presse United Press se dotera d'un *syndicate,* l'United Feature. Première bande dessinée à atteindre le marché international : le *family strip* de George McManus, propriété du King Feature, *Bringing Up Father*. Le fait qu'il s'agisse d'un produit destiné à un ample public familial et mettant en scène une cellule familiale est loin d'être neutre. Ce choix thématique moral qui se fait au détriment d'autres produits de l'époque moins standardisés et conformistes apparaît comme un des premiers dénominateurs communs pour agglomérer un public international hétérogène.

Les historiens de la bande dessinée font valoir que, bien avant la naissance des *comics*, un autre foyer de narration en images, de séquences graphiques, était né en Europe. Continuant la tradition de la caricature dont l'Angleterre était la terre d'élection au XVIIIe et au début du XIXe, le Suisse Rodolphe Töpffer (1799-1846), romancier, dramaturge et dessinateur, avait vers la fin des années 1820 inauguré un nouveau genre, les « histoires en estampes » qui, du vivant de l'auteur, connurent, en dehors de leurs éditions originales en français, plusieurs éditions étrangères. De tirages modestes, dans un réseau de diffusion modeste, ce n'est certes pas par ce biais que cette préhistoire de la bande dessinée intéresse l'internationalisation. Son intérêt réside ailleurs : dans les questions que Töpffer soulève à propos de la typologie ou caractérisation de ses personnages, leur individualisation par des traits permanents qui les différencient. Des questions auxquelles se confrontent également les maîtres du roman-feuilleton à la même époque. On sait que Balzac, dans sa *Comédie humaine,* et Sue, dans *Les Mystères de Paris,* se sont inspirés des modèles de personnages établis par la physiognomonie, très en vogue depuis les dernières décennies du XVIIIe. Cette pseudo-science prétendait établir un rapport entre la « surface visible » et « ce qu'elle couvre d'invisible », fournir des correspondances entre le visage et la personnalité, des répertoires d'expressivités. On connaît aussi les excès auxquels donnèrent lieu ces tentatives de décodages psychologiques par le faciès lorsque l'anthropologie criminelle s'en empara dans le dernier quart du siècle pour dresser les « profils » de l'« homme délinquant ». En 1845, Töpffer rédige un essai critique prémonitoire sur l'emploi des typologies graphiques normalisatrices où il discute du risque de la schématisation et de la simplification.

2. **Son et images animées.** – En 1877, Edison étrenne le phonographe. Au tournant du siècle, la substitution du cylindre par le disque 78 tours lance définitivement cette industrie. En 1895, les Frères Lumière projettent un premier film. Industries phonographique et cinématographique naissent d'emblée avec une portée internationale.

Dès 1897, Pathé Frères s'investit dans l'industrie de la musique. La société britannique, The Gramophone Company, et l'allemande, Deutsche Gramophon, sont fondées en 1898. L'américaine Victor Talking Machine, en 1901. L'année suivante sort le premier enregistrement satisfaisant. Il est réalisé par Enrico Caruso. Le premier disque à dépasser le million d'exemplaires est l'œuvre du même chanteur d'opéra enregistrée en 1904 à Milan. Franchissant l'Océan, il tisse un lien entre les immigrants italiens et la mère-patrie. Dès les premières années du XXe siècle, les grandes compagnies phonographiques possèdent un réseau international d'agents locaux. Préfigurant un type d'industrie culturelle aux intérêts croisés, The Gramophone Co., solidement établie sur le marché européen, installe en 1908 une fabrique à Calcutta et des studios à Bombay qui exportent vers l'Afrique orientale.

La diffusion du cinématographe est si rapide que bien des pays d'Asie et d'Amérique latine prennent connaissance de cette technique à la même époque que l'Europe ou les États-Unis. On tourne dans des pays aussi divers que l'Égypte, le Mexique, le Brésil, la Chine ou l'Inde. Mais, même dans ce dernier pays qui devait par après récupérer son marché intérieur et devenir un des plus grands producteurs mondiaux, la construction progressive d'un marché international du film va faire reculer les productions locales.

Emblème de l'entreprise internationale d'avant guerre, la firme Pathé ouvre en 1904 des succursales à New York, Moscou et Bruxelles et, dans les six ans qui suivent, à Berlin, Vienne, Saint-Pétersbourg, Amsterdam, Barcelone, Milan, Londres, Budapest, Istanbul, Calcutta, Varsovie ou Rio. Producteur et diffuseur de films, la société française contrôle toute la filière : elle achète des salles, fabrique et vend des appareils et de la pellicule. Avant 1914, la position de monopole de fait des producteurs français Pathé et Gaumont est telle que l'unique alternative qui reste aux pays comme l'Angleterre et l'Allemagne est de porter leurs efforts uniquement vers la distribution et surtout l'exploitation. À peu d'exceptions près, les films doivent être importés de France. Loin derrière viennent le Danemark et l'Italie qui possèdent deux sociétés de production d'une certaine importance. Aux États-Unis, après l'avortement d'une tentative d'unification horizontale et verticale, la période d'avant guerre est surtout caractérisée par la fondation d'Hollywood. Détachée de Los Angeles en 1913, la future capitale du cinéma américain est créée à la faveur de la guerre des brevets (1909-1914) par des indépendants qui refusaient de payer les licences et avaient intérêt à s'éloigner de New York et à s'établir dans un lieu pas trop loin d'une frontière pour y garer leurs appareils en cas de saisie. À l'instar de ce médium iconique qu'est le *comics,* l'image animée se révèle un instrument puissant pour amalgamer les populations immigrantes. La première guerre mondiale propulse le film américain hors de ses frontières nationales.

3. **La nature des publics.** – L'avènement de la presse destinée aux grandes majorités fixe les termes d'un débat sur l'émergence de la démocratie d'opinion. À l'occasion réapparaissent les stéréotypes d'une tradition conservatrice née dans l'opposition à la Révolution française. Le souvenir trouble de l'explosion révolutionnaire, associée à une sauvagerie collective déclenchée par des foules convulsionnaires, fonde une représentation du collectif comme « populace ». Reconduite à chaque soulèvement, mouvement de grèves ou manifestation violente, elle est revalidée dans

la dernière décennie du XIXe par la « psychologie des foules ». Liée aux présupposés de l'anthropologie criminelle, cette approche du collectif qui prétend expliquer en termes de psychopathologie sociale l'irruption des masses dans la vie de la Cité imprègne le débat sur les « effets » du développement des libertés de presse et d'association. À cette aune, les nouvelles formes d'assemblement et de rassemblement apparaissent comme des menaces pour l'ordre établi, et deviennent synonymes de « régressions culturelles ». Car la foule ne peut agir et réagir que comme un être somnambule, hypnotisé, halluciné, sujet à la contagion, impulsif, crédule et irrationnel. C'est, par exemple, la position de Gustave Le Bon (1841-1931) dans sa *Psychologie des foules* (1895).

D'autres, en revanche, pensent que la foule est un phénomène du passé, et que le(s) public(s) sont le phénomène du futur. La société se divise de plus en plus en publics, qui se superposent à la division religieuse, économique, esthétique, politique, en corporations, en sectes, en écoles, en partis. Au contact de l'internationalisation, ces nouvelles modalités de groupement social devraient se complexifier. Car, comme l'écrit Gabriel Tarde (1843-1904) dans *L'opinion et la foule* (1901), le journalisme est une « pompe aspirante et foulante d'informations propagées sur tous les points du globe ». D'après lui, le fait que certains grands journaux, comme le *Times* et *Le Figaro,* ou certaines grandes revues aient déjà leur public disséminé dans le monde entier laisse augurer l'avènement de *publics* « essentiellement et *constamment* internationaux ».

Reste qu'à la veille de la Grande Guerre le débat sur la nature du public, et celui qui lui est corollaire, la force persuasive de la presse sur les lecteurs, est dominé par une représentation dite diffusionniste : le rayonnement émane toujours d'un centre tutélaire qui impose sa vision du monde aux diverses périphéries. Dans les villes, l'ouvrier prend comme modèle le bourgeois ; dans les campagnes, le paysan a comme point de repère l'ouvrier. Sur la scène internationale, pour connaître de quoi sera fait leur futur, les nations « moins développées » doivent regarder inéluctablement vers celles qui ont atteint un haut niveau de « civilisation ». L'idée de l'influence à sens unique est consubstantielle à l'idéologie du progrès linéaire et continu. Elle fonde la notion dominante de civilisation.

4. **La presse missionnaire.** – En marge de la presse populaire continuent à se développer les réseaux de la presse missionnaire catholique, carrefour important de représentations internationales. Dans ce domaine, la France, « fille aînée de l'Église », est une plaque tournante. En 1822, ont été créées à Lyon les *Annales de la propagation de la foi,* avec la bénédiction de la congrégation romaine correspondante. Cette publication bimestrielle est le porte-parole d'un vaste dispositif de collecte des dons et des aumônes qui accompagne l'Église catholique romaine dans la tâche que lui a fixé le pape après la chute de Napoléon : « Envelopper la terre d'un réseau de missions. » Suivant à ses débuts la tradition, amorcée au XVIIe par les jésuites, eux aussi français, qui consiste à publier des lettres de missionnaires, les *Annales* se transforment en hebdomadaire en 1868 sous le titre *Les Missions catholiques,* et s'adaptent aux évolutions du journalisme en incorporant de plus en plus d'informations concrètes sur la « marche glorieuse de l'Apostolat ». Traduit en de nombreuses langues, le périodique lyonnais s'institue en modèle pour les autres nations de la catholicité. Au lendemain de la première guerre mondiale, on recense dans le monde plus de 400 revues missionnaires catholiques en différentes langues.

Cette vigueur de la presse confessionnelle contraste avec la doctrine officielle du Vatican en matière de droit à l'expression. L'Église de Rome avait mis à l'index l'*Encyclopédie* ; au siècle suivant, elle s'opposait à la revendication des catholiques libéraux français en faveur de la liberté de presse.

III. – La nécessaire interdépendance

1. **Le monde comme gigantesque société d'assurances.** – Le XIXe siècle sacre la communication « agent de civilisation ». Ses réseaux tissent une représentation du monde

comme « vaste organisme » dont toutes les parties seraient solidaires. La notion biomorphique d'« interdépendance » – calquée sur l'image de l'interdépendance des cellules – ratifie ce sentiment généralisé de l'interconnexion des individus et des sociétés. Le terme d'« internationalisation » acquiert droit de cité, lui aussi, à la fin du siècle. D'abord dans la langue anglaise, ensuite dans les langues latines qui lui empruntent le mot. Le terme « mondialisme » voit également le jour, sous la plume des partisans d'une unification de la planète dans la solidarité.

Cette dépendance qui lie à tous et à tout, dans l'espace et dans le temps, cette solidarité organique montrent la voie vers un nouveau type d'organisation sociale, que garantissent l'assurance universalisée et le partage des risques par tous. La nation et la planète deviennent une sorte de gigantesque société d'assurances mutuelles gérée par les États, qui, calculant les risques et fixant les primes à payer par chacun, fonctionne sur la base de la réciprocité. Un tel principe issu de l'application du calcul des probabilités à la gestion de la chose publique donne, dans le périmètre de l'État-nation, le coup d'envoi à l'État-providence et à son régime d'assurances sociales et, dans le champ des relations internationales, prépare la doctrine qui fondera à la fin de la première guerre mondiale la légitimité du premier système international de solidarité et de réciprocité calculées, le premier dispositif chargé de garantir la sécurité mutuelle : la Société des Nations et le Bureau international du travail.

2. **L'uniformisation de la planète : De la science-fiction ?** L'idée que l'interdépendance des nations pousse inexorablement le monde vers son unification culturelle prend son envol au tournant du siècle. C'est le débat qu'engage, dans son essai *Anticipations,* le romancier George Herbert Wells (1866-1946) à partir de la question suivante : Quelle langue l'emportera au IIIe millénaire en Europe et dans le monde ? Et avec la langue, lieu suprême où se définit l'identité culturelle nationale, quelle culture va s'imposer ? La question est, en effet, brûlante. Dans les

faits, la France, dont la langue a été la *lingua franca* des relations internationales depuis près de deux cent cinquante ans, a déjà senti le socle de sa prédominance linguistique se fissurer sous les coups d'autres idiomes. Pour faire face à cette « lutte darwinienne » pour l'hégémonie linguistique, elle a créé, en 1883, l'Alliance française, « association nationale pour la propagation de la langue française dans les colonies et à l'étranger ».

Wells ne partage en aucun cas l'avis des Cassandres qui donnent pour acquise la suprématie de la langue anglaise. Selon lui, pour l'an 2000, deux ou trois langues peuvent « prétendre à l'empire du monde ». Mais la compétition centrale va se jouer entre le français et l'anglais. Sur son rival direct, le français dispose de sérieux atouts pour l'emporter. À commencer en Europe, où le IIIe millénaire s'ouvrira sur l'accomplissement du rêve de la Confédération européenne entrevue au début du XIXe siècle par des philosophes comme Saint-Simon. Et qui régnera sur le continent tutélaire de la civilisation universelle, rayonnera sur l'univers. Le français devrait prendre l'ascendant parce que le public influencé par sa culture « dépasse de très loin les frontières de son système politique ». L'avantage majeur du français n'est-il pas que les ouvrages qui se publient en France sont de haut niveau, scientifique, philosophique et littéraire ? La situation est très différente dans les pays de langue anglaise, et surtout en Angleterre, où prédominent des « romans adaptés à la mentalité des femmes, ou des enfants et des hommes d'affaires superoccupés, des histoires destinées à apaiser plutôt qu'à stimuler la réflexion et qui sont les seuls livres qui sont profitables pour l'éditeur et l'auteur ». À moins d'une « renaissance culturelle » et d'un changement d'attitude de la « classe réduite qui monopolise la direction des affaires, incapable de comprendre la signification politique de la question de la langue », l'anglais ne peut espérer déloger le français de sa position. On sait ce qu'il en advint avec la montée de l'industrialisation de la culture.

Cependant, toujours selon Wells, toutes ces forces qui vont contre le « maintien de systèmes sociaux locaux » et mènent le monde vers l'adoption d'une ou de deux « langues rassembleuses », et qu'il déduit en extrapolant les réalités de son temps (le panaméricanisme, le panlatinisme, le pangermanisme, le panslavisme), n'impliquent pas forcément l'homogénéité. Car « plus grand sera l'organisme social, plus complexes et diverses les parties, plus enchevêtrés et variés les jeux combinés de la culture, les croisements ». En l'an 2000, la multiplication des formes les plus diverses de la communication – les contacts, les voyages, les transports – aura forcé le monde à établir un « compromis bilingue », où chaque communauté fera usage d'une langue à vocation œcuménique et de la sienne, limitée à sa sphère particulière.

Chapitre III

L'EMPRISE DE LA PROPAGANDE

La Grande Guerre confère à la propagande ses lettres de noblesse. La paix la consacre comme méthode de gouvernement. Dans l'entre-deux-guerres, l'ambition hégémonique des États-Unis fait naître parmi les créateurs européens les premières appréhensions à l'égard de la culture commerciale. À l'approche de la seconde conflagration mondiale, les stratégies de propagande donnent le ton à l'internationalisation de la radio.

I. – La gestion de l'opinion de masse

1. **Une guerre d'information.** – Première guerre totale, la guerre de 14-18 a fait de la « mobilisation des consciences », selon les uns, ou du « bourrage de crânes », selon les autres, un impératif majeur. Guerre politique, économique et idéologique, ce conflit qui s'est déroulé à l'échelle du monde a débordé le strict théâtre d'opérations militaires. Les belligérants créent des organismes officiels de propagande et de censure. Le plus actif à l'extérieur est la Crewe House britannique. Y travaillent des journalistes comme Lord Northcliffe, propriétaire du *Times,* ou des romanciers, tels G. H. Wells ou Rudyard Kipling. Centre de l'émission des dépêches, Londres est la référence technique pour informer le monde sur la guerre. Le gouvernement des États-Unis crée le Committee on Public Information ou le Comité Creel du nom du journaliste qui le préside. C'est dans ce comité que Edward Bernays (1892-1995), le futur fondateur de l'industrie des relations publiques, fait ses premières armes. La dose de rumeurs, de nouvelles fabriquées et de clichés truqués mis en circulation est directement proportionnelle à la sévérité des dispositifs de censure.

Pour la France, qui n'est pas en reste dans l'application de la censure sur le plan intérieur, la première guerre est une occasion de constater le retard pris par le dispositif diplomatique dans le domaine des « moyens d'action intellectuelle à l'étranger », selon l'expression en vogue. Associant journalistes et éditeurs, une « Maison de la presse » est créée qui a ses correspondants dans les sièges diplomatiques. Au printemps 1918, s'y ajoute un comité spécial créé sous l'égide du ministère de l'Instruction et des Beaux-Arts et dont la mission est d'orienter la « propagande artistique à l'étranger ». Y figure notamment la chambre syndicale de la haute couture.

Le haut commandement de l'armée du Kaiser, lui, propose de créer en 1917, après la lourde défaite de Verdun, l'Ufa (Universum Film AG). De concert avec les banques et de grandes entreprises, les militaires regroupent les entreprises du secteur dispersées et fondent une société dont le champ d'activité embrasse tous les « secteurs du cinéma ainsi que la fabrication et le commerce de toute activité liée à l'industrie du cinéma et de l'image lumineuse ». L'idée sous-jacente est non seulement d'utiliser prioritairement ce dispositif à des fins de propagande, mais de doter le pays d'une industrie cinématographique capable de lui assurer le contrôle de son marché intérieur dominé par les firmes étrangères. En février 1916, le gouvernement avait édicté diverses ordonnances concernant l'importation des films, soumise dorénavant à une autorisation spéciale. Un an plus tard, il suspendait même toute importation. C'était la première fois dans l'histoire qu'un pays contrait la doctrine libre-échangiste à partir d'une industrie culturelle.

L'Ufa devient la première société cinématographique au monde à atteindre une intégration verticale de ses activités. Le Reich invente le concept de « cinémas du front », de « troupes cinématographiques » et d' « officiers de cinéma ». Mais le temps manquera pour mobiliser toutes les ressources de ce projet né sous le signe du gigantisme et, somme toute, trop militarisé. L'armistice signé, les stratèges allemands verront dans l'efficacité de la propagande alliée une des causes décisives de leur déroute.

2. **La révélation de la propagande.** – Attesté par les deux camps antagonistes, le poids acquis par la propagande dans l'issue du conflit est tel qu'elle y gagne une réputation d'omnipuissance. Les discours apologétiques des publicitaires et des politologues, fondateurs de la sociologie américaine des médias, extrapolent cette expérience de temps de guerre au temps de paix. L'idée se forme que la démocratie ne peut plus se passer de ces techniques modernes de « gestion invisible de la Grande société », à l'intérieur comme à l'extérieur du périmètre de l'État-nation. Désormais, estiment déjà les premiers spécialistes en « relations internationales », la diplomatie va devoir compter sur la « psychologie de masse », plus que sur les « offensives de charme » et les « accords secrets ».

En 1922, l'Américain Walter Lippmann (1889-1974) fait paraître *Public Opinion*. Dans cet ouvrage, destiné à devenir un texte de référence dans les écoles de journalisme des universités américaines, il déduit du comportement des médias dans la guerre et dans l'immédiat après-guerre une première théorie de l'opinion publique dans ses rapports avec la paix internationale. De son expérience de capitaine sur le front de la propagande et de conseiller de la délégation US à la Conférence de paix, il retire une première réflexion sur la nature de l'information et les stéréotypes qui empêchent les gouvernants et les peuples de s'entendre. Cette théorie, il l'a préalablement mise à l'épreuve dans « A Test of the News », un article-fleuve publié comme un rapport sur 42 pages dans un supplément du *New Republic* du 4 août 1920. Rédigé en collaboration avec son compatriote et collègue journaliste Charles Merz, également ancien officier, ce travail analyse la façon dont le *New York Times* a construit, entre 1917 et 1920, l'image du « péril rouge ». Les deux auteurs vont jusqu'à parler d'une campagne systématique de désinformation à destination du public américain. C'est, en tout cas, sur de semblables stéréotypes que le département de la Justice et le FBI vont s'appuyer pour déclencher la première chasse aux sorcières contre les « agents et conspirateurs de Moscou », les « Reds », qui se solde en 1927 par l'exécution des immigrants italiens Sacco et

Vanzetti, symbole d'une erreur judiciaire provoquée par la pression d'une opinion publique chauffée à blanc.

La même année, Harold Lasswell (1902-1978) publie un livre fondateur de la sociologie fonctionnaliste des médias : *Propaganda Technique in the World War*. Comme l'indique le titre, sa matière à réflexion lui est fournie par la Grande Guerre. Sous la loupe du politologue, la propagande en ressort avec une aura d'efficacité à toute épreuve.

3. **Haute culture ou marketing ?** – Sitôt signé l'armistice, la Maison-Blanche supprime le Comité Creel. Elle ne fait aucun cas des enseignements prodigués par la guerre et bloque toute tentative de prolonger à l'extérieur le travail d'information officiel. Le réveil n'en sera que plus brutal lors du déferlement de la propagande nazie.

Le gouvernement britannique, lui, crée l'empire Marketing Board, avec la mission de promouvoir les produits de l'empire *(Buy British)*. Une sous-section du service « Publicité et Éducation » est chargée de la production cinématographique. Son responsable, l'Écossais John Grierson (1898-1972), qui a fait la guerre sur un dragueur de mines et est ensuite parti aux États-Unis observer non seulement la production des premiers films de Robert Flaherty, mais les débuts de l'industrie des relations publiques, en fait un vivier de l'école du documentaire britannique à laquelle sont appelés à collaborer des cinéastes étrangers. Grierson est également la tête pensante du projet de création du British Council et de son réseau d'antennes culturelles, vaste plan d'action « pour la projection de l'Angleterre » où la propagande cinématographique occupe une place de choix.

Quant à la France, elle ne retire de leçons ni de la montée des techniques audiovisuelles, ni du rôle stratégique acquis par l'information et la propagande. Confiante dans la vocation universelle de la culture des Lumières, elle reconduit les grandes lignes de sa politique de « relations culturelles internationales ». Convaincue de ce que le rayonnement extérieur se mesure à la captation des élites des pays visés, elle multiplie l'envoi de missions universitaires d'enseignement.

II. – L'ascension irrésistible des États-Unis

1. **Le socle du pouvoir des communications.** – La première guerre voit se mettre au point les techniques de codage et de décodage des messages secrets, et se perfectionner les dispositifs télégraphiques et téléphoniques. Mais, avant tout, elle confirme le rôle des radiocommunications et la prépondérance industrielle de la Grande-Bretagne dans cette industrie.

Au lendemain de la guerre, l'US Navy, au nom des intérêts stratégiques de la nation, cherche à contrer cette position dominante. À son instigation, en 1919, American Marconi, filiale locale de British Marconi, est reprise par un consortium formé par les grands de l'équipement électrique et des télécommunications, General Electric, ATT et Westinghouse auquel vient s'ajouter United Fruit. L'opération débouche sur la création d'une firme spécialisée dans les techniques de radiocommunication, la RCA (Radio Corporation of America). Dès 1926, cette firme s'attache à bâtir le premier réseau radiophonique des États-Unis (NBC). Symbole de la montée en puissance des États-Unis dans les réseaux mondiaux de la communication à distance au tournant des années 1930 : International Telegraph & Telephone (ITT) déloge les compagnies britanniques de leur monopole des liaisons à longue distance en Amérique du Sud qu'elles détenaient depuis la pose des premiers câbles sous-marins.

L'opportunité du rapprochement industriel sous l'égide des militaires est déjà visible à la fin des années 1920 dans les évolutions internationales. À cette date, l'intégration des diverses techniques de transmission à distance est au centre des débats sur la régulation des réseaux internationaux. En 1932, l'Union télégraphique et l'Union radiotélégraphique fusionnent et donnent naissance à l'Union internationale des télécommunications. Pour la première fois apparaît officiellement le terme « télécommunication », inventé par un ingénieur français au début du siècle. Pour la première fois aussi le terme « information » sort de l'orbite exclusive du journalisme (et des procédures judiciaires) et se convertit en unité de mesure dans une théorie statistique du signal qui ouvre la voie au code binaire.

2. **Le spectre d'Hollywood.** – En 1919, 90 % des films programmés par les salles européennes proviennent des États-Unis. La suprématie des compagnies françaises n'est plus qu'un souvenir. Repli de Pathé sur New York, réduction considérable de son activité, perte des marchés extérieurs et du marché intérieur, la première société française ne se remettra jamais complètement du choc de la guerre. En 1927, elle se mue en Kodak-Pathé. Sur un fond de récession économique généralisée, l'arrivée du parlant approfondit la crise de l'industrie française.

Les sociétés américaines ont occupé les marchés laissés vacants par les hostilités. L'amortissement du prix de revient des films sur leur propre marché intérieur, et sur celui, plus restreint, de leurs voisins immédiats, se révèle déjà un atout de premier plan. Considérée comme « bénéfice supplémentaire », la distribution étrangère peut pratiquer une grande élasticité des prix à l'exportation. D'autant plus que l'industrie américaine se restructure autour de cinq *majors* (Paramount, Metro-Goldwyn-Mayer, 20th Century Fox, Warner, RKO) et a ses propres modes de concertation lorsqu'il s'agit de consolider les parts de marché à l'étranger. Avec les films, arrivent déjà les premiers produits dérivés. En tête, les productions de Walt Disney. Dès 1930, trois ans à peine après sa naissance, Mickey Mouse s'installe dans les colonnes du *Petit Parisien* pour une bande dessinée quotidienne, et en 1933 il a son *Journal*.

La seule industrie du cinéma que les producteurs américains trouvent alors sur leur chemin est l'allemande. Mais plus que sur les films, avec l'avènement du son, la lutte entre les deux puissances cinématographiques se porte sur le terrain des brevets. En 1930, l'accord de Paris souscrit entre les firmes allemandes et américaines partage le marché mondial en deux zones d'influence. Les bénéfices de l'exploitation des appareils sonores reviennent uniquement aux groupes financiers des deux contractants. L'accord est calqué sur celui conclu en 1907 par les grands de l'industrie électrotechnique mondiale pour limiter la concurrence dans ce secteur hautement concentré.

Cet accord sur le matériel n'entame guère le pouvoir d'Hollywood. Sur le plan de la production de films, la lutte contre la concurrence des *majors* continue à être inégale. De plus en plus de pays envisagent de prendre des mesures de protection de leur marché pour permettre à leurs firmes de développer la production locale. L'Allemagne de la République de Weimar renouvelle la décision impériale de limiter l'entrée des films américains. Dans cette courte période d'après guerre, où l'on assiste à une floraison extraordinaire des arts et des lettres, les studios de Neubabelsberg de la Ufa accueillent les intellectuels et artistes du monde entier dans une Allemagne qui innove également dans le domaine du photojournalisme en créant un nouveau genre, celui des grands magazines d'actualité illustrés. La crise financière de 1927 oblige toutefois l'industrie cinématographique allemande à transiger avec les *majors*. L'accord Parufamet stipule que les firmes des États-Unis acceptent de contribuer à la production allemande à condition que soit haussé le quota de films américains autorisés sur ce marché. Paradoxalement, c'est à Hollywood que les grands réalisateurs du cinéma allemand trouveront à se développer. La montée du nazisme au pouvoir en 1933 et sa mainmise totale sur la Ufa, deux ans plus tard, poussent, en effet, nombre d'entre eux à l'exil. De même, le caractère directif du nouveau régime à l'égard de la presse fait émigrer nombre de photographes qui avaient assuré le lancement des grands magazines d'actualité. Le genre créé en Allemagne est repris par *Life,* fondé en 1936, après avoir inspiré le magazine français *Vu* en 1928.

La France opte aussi pour une politique de protection de son marché cinématographique, premier acte d'une longue tradition nationale. En 1928, le décret Herriot fixe un quota annuel limite de 120 films américains, chiffre qui correspond à la production annuelle moyenne française d'avant guerre. En Grande-Bretagne, la loi oblige les exploitants de salles à passer 30 % de longs métrages nationaux et 25 % de courts métrages. Dès cette époque, la politique de quotas est l'objet de contournements de la part des *majors* qui stimulent la production locale ou intensifient les coproductions. Toutes profitent d'une définition du « film national » qui laisse souvent une grande latitude. Ainsi, la loi anglaise considère comme national un film produit par une compagnie américaine, utilisant un réalisateur, un scénariste et des acteurs américains mais dont une proportion déterminée des coûts de travail reviennent à des techniciens britanniques.

La conquête du marché international du film par les firmes des États-Unis ainsi que leur plaidoyer en faveur du libre-échange en la matière ont leur pendant dans le domaine de la presse. Les agences de presse américaines mettent à profit l'affaiblissement des positions des concurrents pendant la guerre. C'est plus particulièrement le cas de UPI qui saisit l'occasion pour s'attacher les journaux de l'Amérique latine, territoire assigné à Havas depuis 1870. Partout où elle cherche à pénétrer, elle se prévaut d'une information plurielle, différente de celle qui s'émet sous les conditions de la censure. En 1930, AP et UPI secouent définitivement le joug du cartel européen au nom d'un nouveau principe stratégique d'internationalisation qui délégitime l'idée de territoires protégés : l'accès à l'information doit être libre partout dans le monde.

3. **La première vague publicitaire.** – La guerre a transformé la nation emprunteuse qu'étaient les États-Unis en créancier du monde. Vers la fin des années 1920, l'économie fordiste va déloger le capital britannique de nombre de ses positions extérieures, et le dollar substituer la livre sterling comme devise clé. Naît une nouvelle économie-monde centrée sur New York. Avec la courbe ascendante des investissements des firmes américaines à l'étranger, croît la présence extérieure des agences de publicité qui deviennent les têtes de pont de la culture commerciale.

En 1927, le constructeur automobile General Motors invite J. Walter Thompson à le représenter à travers le monde et à s'installer partout où il construit ses chaînes de montage et distribue ses véhicules. Alors que la récession touche de plein fouet les recettes publicitaires aux États-Unis, JWT ajoute filiale après filiale : à Anvers et Madrid en 1927, à Paris et Berlin, l'année suivante, à Montréal, Bombay, São Paulo, Buenos Aires, Stockholm et Copenhague en 1929, en Australie et Afrique du Sud en 1930, à Toronto et Rio en 1931. Après General Motors, c'est Eastman-Kodak, Kellogg's, Ford, RCA, Chesebrought-Ponds qui deviennent ses clients. Un second réseau, Mc Cann-Erickson, débarque à Paris et à Londres en 1927 et à Berlin en 1928 au service d'une seule grande marque : Esso. Inconditionnel de la publicité, l'écrivain Blaise Cendrars la célèbre comme un « art qui fait appel à l'internationalisme, ou polyglottisme ». Hormis une ou deux agences britanniques, il n'y a sur le marché international à ce moment-là aucune agence d'une autre nationalité. La France, elle, vit toujours à l'âge de la « réclame ». Et c'est à New York que le créateur de la première agence moderne, Publicis, et inventeur de la publicité radiophonique en France, fait ses premières armes vers les années 1920. À cette époque, dans cette Amérique qui invente la notion de « part de marché » et les premières études systématiques de marché, l'industrie du marketing est en train de devenir un organe de base des stratégies fordistes de gestion de l'entreprise et de l'ensemble des relations sociales via l'incorporation des grandes masses à la société de consommation naissante. Après les filiales publicitaires, débarquent à Londres et à Paris, dans la seconde moitié des années 1930, les premières sociétés d'études de marché et de sondages d'opinion. La guerre arrête cette première vague. Tout au moins dans les nations en conflit. Car, ailleurs, l'expansion des agences américaines continue. La cible principale en est l'Amérique latine qui combine deux avantages : la plupart des pays qui la composent ont opté pour l'organisation commerciale de leurs médias et l'ensemble de la région est la terre d'élection du capital américain entre 1930 et 1950. Ce n'est qu'à partir de cette date que les flux d'investissements directs en provenance des États-Unis se réorientent vers l'Europe. C'est donc sous les auspices des agences et des annonceurs étrangers que les feuilletons radiophoniques ou *radionovelas,* et ensuite les *telenovelas,* débutent, bien avant que les producteurs et les réalisateurs des divers pays latino-américains se les approprient et leur donnent une forme autonome.

Mais déjà, dès avant la déclaration de la guerre, sont en place les ciments d'une organisation corporative à prétentions mondiales. En 1924, a lieu le rapprochement entre l'association des agences de publicité britanniques et son homologue aux États-Unis. En 1938, est créée à New York l'International Advertising Association (IAA), première organisation de défense des intérêts professionnels des trois composantes de cette industrie (agences, annonceurs, supports). Une de ses missions est de moraliser l'activité publicitaire en faisant observer le « Code international des pratiques publicitaires ». Ce code de conduite a été élaboré en 1937 par la Chambre internationale de commerce, créée au lendemain de la première guerre par les responsables des grandes entreprises européennes et américaines afin de participer à la formation d'un nouvel ordre économique mondial. Véhiculées par cette charte déontologique professionnelle, les idées d'autorégulation et d'autodiscipline, opposées à celles de contrôle à travers des mesures prises par les autorités publiques, amorcent leur percée sur le marché international. Et avec elles, vient l'autre idée qui tire un trait d'union entre la démocratie et la *democratic marketplace,* la liberté d'expression des citoyens et la « liberté d'expression commerciale », la liberté tout court et la libre circulation des marchandises. Tous arguments que reprendront les *majors* regroupés dans la MPEA (Motion Picture Export Association) qui entendent bien faire sauter les verrous protectionnistes qui s'opposent à la circulation de leurs films.

4. **Américanisation ou crise de civilisation ?** – L'irruption des réseaux financiers des États-Unis et des produits de la culture d'*entertainment* sur les marchés européens est ressentie dans certains milieux artistiques et intellectuels comme une agression contre une tradition ancrée dans la haute culture, que G. H. Wells considérait un quart de siècle plus tôt comme la meilleure garante de la pérennité de

la présence française à l'étranger. Les notions d'« américanisation » et d'« américanisme » stigmatisent désormais un danger qui menace, de l'extérieur, l'esprit européen. Machinisme, démocratie grégaire, nivellement par le bas, enrégimentement, matérialisme, toutes ces accusations cherchent à cerner les enjeux de cette confrontation avec la « Jungle américaine » et son culte de la puissance de l'argent. « L'américanisme nous submerge, clame Luigi Pirandello, prix Nobel de littérature 1934. Je crois qu'un nouveau phare de la civilisation s'est allumé là-bas. L'argent qui circule dans le monde est américain et derrière cet argent court le monde de la vie et de la culture. » Rompant avec cette conception des rapports entre l'Europe et le Nouveau Monde marquée par la défense de la haute culture, le philosophe Antonio Gramsci pressent, sous la légitimité croissante du fordisme et son idéal de rationalisation dans la production industrielle, des changements en passe de déborder la réorganisation de l'entreprise pour atteindre l'ensemble des mécanismes de la régulation sociale.

En 1930, dans son ouvrage *Malaise dans la civilisation,* Sigmund Freud passait en revue les « causes de désillusion » et soulignait le caractère ambivalent de la « récente maîtrise du temps et de l'espace ». Il s'interrogeait notamment sur la signification de la photographie et du disque en tant que « matérialisations de la faculté qui a été donnée à l'homme de se souvenir, autrement dit de la mémoire ». « L'homme, écrivait-il, est devenu une sorte de *dieu prothétique,* dieu certes admirable s'il revêt tous ses organes auxiliaires, mais ceux-ci n'ont pas poussé avec lui et lui donnent souvent bien du mal... L'avenir lointain nous apportera, dans ce domaine de la civilisation, des progrès nouveaux et considérables, vraisemblablement d'une importance impossible à prévoir ; ils accentueront toujours les traits divins de l'homme... Nous ne voulons toutefois point oublier que, pour semblable qu'il soit à un dieu, l'homme d'aujourd'hui ne se sent pas heureux. »

Inauguré par la vision apocalyptique de l'Allemand Oswald Spengler du « déclin de l'Occident », l'entre-deux-guerres se clôture avec la réflexion de Paul Valéry sur la « crise de l'esprit ». Pour l'écrivain français, cette crise se confond avec celle de l'identité européenne et de l'universalité, et n'est pas le produit de facteurs exogènes. Elle est causée par la perte du « capital culturel », ou la raréfaction de ces hommes qui « savaient lire : vertu qui est perdue », ces hommes qui « savaient entendre et même écouter », qui « savaient voir, relire, ré-entendre et revoir ».

III. – L'internationalisation des ondes

L'arrivée de la radio conforte les stratégies d'internationalisation de la propagande gouvernementale. Un pays devance tous les autres sur ce plan : l'Union soviétique qui inaugure dès 1929 des émissions régulières en allemand et en français, et l'année suivante, en anglais et néerlandais. C'est le prolongement logique d'une stratégie d'exportation de la révolution, formulée dès 1921 dans un document programmatique intitulé « Thèses sur l'organisation et la structure des partis communistes », lors du IIIe Congrès de l'Internationale communiste. La création du *Komintern* comme structure centralisée mondiale permet d'asseoir les bases d'un formidable réseau de « communication internationale », les partis frères servant de relais et de points d'appui. En 1923, l'État-parti réaménage son agence de presse qui prend le nom d'agence Tass.

Dès 1931, l'Église romaine se dote, elle aussi, d'un outil polyglotte, Radio Vatican. Mais, c'est de l'Allemagne que vient la réelle dynamique de l'internationalisation radiophonique. Leitmotiv de *Mein Kampf,* le pouvoir nazi invente le concept de « guerre psychologique » et l'applique dans sa politique étrangère. En 1933, est inaugurée la station en ondes courtes de Zeesen, dans les environs de Berlin, qui émet à destination des nombreuses communautés allemandes immigrées, et en anglais, en direction des États-Unis. Trois ans plus tard, lors des Jeux olympiques de Berlin, elle est à même de diffuser en 28 langues. En 1935, le fascisme mussolinien fait preuve de la même précocité dans l'usage prosélyte de la radio en émettant en arabe vers l'Afrique et le Moyen-Orient. En 1936, lors de la guerre civile espagnole, l'utilisation de la radio en langues étrangères par les deux camps laisse présager le rôle stratégique de ce nouveau moyen de propagande.

Première riposte aux émissions en provenance de Berlin : en 1934, peu avant son assassinat par les nazis, le chancelier social-chrétien d'Autriche, Engelbert Dollfuss, décrète le brouillage du spectre radiophonique. Les efforts multiples déployés par la Société des nations pour rallier les divers pays de la communauté internationale à des pactes de « non-agression radiophonique » – la première convention est signée en 1936 par la plupart de ses membres – sont voués à l'échec. En ce domaine comme dans beaucoup d'autres, la Société des nations ne parvient pas à s'imposer comme le « tribunal de l'opinion publique » *(court of public opinion)* ou la « conscience du monde », selon l'expression d'un de ses initiateurs, le président américain Wilson (paradoxalement son pays, converti à l'isolationnisme, refuse obstinément d'en faire partie). L'Union internationale de la radiodiffusion, créée en 1925, n'est guère plus efficace. Cette organisation, sous l'influence prépondérante de l'Allemagne, est la seule institution internationale à ne pas suspendre ses activités pendant la seconde guerre mondiale. L'effervescence autour de l'usage propagandiste de la radio n'empêche pas le recyclage des idéologies salvatrices de la communication. En 1934, Lewis Mumford (1895-1990), historien américain des techniques et des villes, par ailleurs fort lucide sur le potentiel d' « enrégimentement de masse » de cette technique, prolonge les utopies de Kropotkin et de Geddes. Il imagine la possibilité d'un autre usage des réseaux de radiodiffusion, devenus moyen de renouer avec l'agora des plus petites cités de la Grèce antique.

Ce n'est que tardivement que la Grande-Bretagne et les États-Unis prennent la mesure de l'importance stratégique des réseaux de propagande de l'État national-socialiste. En 1938, la BBC – qui était appelée à jouer un rôle de catalyseur dans le combat contre les puissances de l'Axe et à contrebalancer leur pouvoir avec ses émissions en 23 langues différentes – crée un service de langue allemande pour ensuite diffuser en espagnol et en portugais vers l'Amérique latine. La même année, la Maison-Blanche entreprend de mobiliser les réseaux de radiodiffusion privés des États-Unis pour neutraliser l'influence grandissante de l'Allemagne dans les pays d'Amérique latine où sont installées de fortes colonies d'immigrants particulièrement actives dans la diffusion des idéaux du régime hitlérien. Les productions Walt Disney, les magazines *Time* et *Life* et le *Reader's Digest* emboîtent le pas de la cause antifasciste. Fondé en 1922, le *Reader's Digest* est un des premiers périodiques à publier, dès 1940, des éditions dans des langues étrangères, en l'occurrence l'espagnol et le portugais, précisément en vue de contrer les puissances de l'Axe en Amérique latine. *Time,* lui, sort ses premières éditions régionales en langue anglaise également à destination des pays sud-américains.

En février 1942, Washington prend le relais des compagnies de radiodiffusion privées et s'équipe d'une radio officielle, *Voice of America.* La propagande à l'étranger est confiée à deux organismes : l'Office of War Information (OWI), chargé de la propagande non déguisée *(overt propaganda),* et l'Office of Strategic Service (OSS), compétent en matière d'opérations clandestines *(covert propaganda).* À la différence de la guerre précédente, où s'étaient surtout investis journalistes et écrivains, ces nouvelles institutions de propagande recrutent leurs spécialistes parmi les professionnels des agences de publicité et de relations publiques et auprès des sociologues, des psychologues et des anthropologues des universités. La plupart des pionniers de la sociologie fonctionnaliste des médias y font leur apprentissage des réalités internationales.

Chapitre IV

LA GÉOPOLITIQUE BIPOLAIRE DES TECHNOLOGIES

Le scénario de la guerre froide reconduit la conception propagandiste de la communication. Il oriente les modèles d'implantation des systèmes de satellite. L'axe Nord/Sud va se trouver impliqué dans l'axe Est/Ouest. Car la captation du Tiers Monde se convertit en un enjeu majeur de l'affrontement entre les deux systèmes politiques. Dans la lutte contre le sous-développement, la communication devient synonyme de modernisation.

I. – Conquérir les cœurs et les esprits

À la fin des hostilités, l'OSS se métamorphose en CIA (Central Intelligence Agency), tandis que l'OWI se transforme en Office of International Information pour devenir à son tour l'USIA (US Information Agency) en 1953. À sa radio officielle *Voice of America,* Washington ajoute deux radios clandestines : *Radio Free Europe* (1950) qui émet vers les pays de l'Est et *Radio Liberty* (1953) qui s'adresse aux audiences de l'Union soviétique. Toutes deux sont financées à leur naissance par la CIA et, à la différence de *Voice* dont les journalistes sont américains, elles sont opérées par des émigrés des pays du bloc socialiste. À l'Est, si Staline accepte de liquider en 1944 le *Komintern* en échange du soutien des États-Unis et de l'Angleterre et remplace le chant de *L'Internationale* par un hymne national hagiographique à sa propre gloire, Radio Moscou n'en continue pas moins à déverser la propagande de l'État-parti à l'étranger.

Deux thèses sur la régulation des flux internationaux

s'opposent dans un rigoureux face à face : le principe du *Free Flow of Information,* dérivé de la doctrine libérale de la libre circulation des marchandises, ratifié par le Congrès et élevé au rang de doctrine officielle par le département d'État américain qui l'incorpore dès 1944 aux objectifs de guerre ; la doctrine du Kremlin qui, soucieux de soustraire ses citoyens aux médias occidentaux, dissimule ses impératifs de sécurité intérieure sous les grands mots de « souveraineté nationale » et interprète l'intromission des ondes internationales comme une « ingérence d'une puissance étrangère dans les affaires intérieures d'un État-nation ». Aussi vieille que la révolution, l'idée d' « agression idéologique » est complémentaire de cette autoreprésentation de l'Union soviétique comme « citadelle assiégée ».

En 1947, l'Union internationale des télécommunications (UIT) est rattachée en tant qu' « organisme technique », à l'instar de l'Union postale universelle, au nouveau système des Nations Unies. C'est sous son égide que vont se dérouler les polémiques sur les usages du spectre radiophonique. La Conférence d'Atlantic City, tenue la même année, ne fait qu'entériner le « droit d'antériorité d'emploi » en matière de répartition des fréquences, adopté par les puissances navales au début du siècle. Mais, trois ans plus tard, la thèse soviétique qui légitime le recours des États au brouillage systématique des émissions étrangères est mise en minorité. Le débat ne fait que commencer et ne prendra fin qu'avec la chute du mur de Berlin. Soufflant le chaud et le froid, Moscou et ses satellites pénalisent l'écoute des émissions étrangères et bloquent le développement de l'industrie civile de la radiocommunication.

De part et d'autre du rideau de fer, les théories du complot et de la manipulation deviennent des catéchismes où l'on puise pour déchiffrer les faits et gestes de l'adversaire. Chaque partie s'estimant engagée dans une bataille pour la « conquête des cœurs et des esprits », selon le terme lancé par les *psychological warriors*. Début 1953, la sociologie fonctionnaliste des médias des États-Unis reconnaît l'importance de l'enjeu et fonde un nouveau champ d'études baptisé officiellement « communication internationale ». Les hypothèses qui en émanent sont d'autant plus marquées par le manichéisme que nombre de leurs protagonistes sont des chercheurs qui, pendant la seconde guerre mondiale, ont servi en tant qu'experts en guerre psychologique auprès de l'OSS et de l'OWI. Certains d'entre eux, d'ailleurs, reprennent du service comme conseillers permanents de *Voice of America* ou accompagnent les troupes américaines lors de la guerre de Corée (1950-1953). C'est le cas notamment du futur fondateur du célèbre Institute of Communication Research de l'Université Stanford, Wilbur Schramm, coauteur en 1951 d'un ouvrage intitulé *The Reds Take the City,* sur la place des opérations psychologiques dans la prise de Séoul par les armées communistes.

À l'est, les doctrinaires de l'État-parti ont catalogué une fois pour toutes les auteurs de l' « agression idéologique » en amalgamant l'ensemble des médias occidentaux sous l'appellation générique de « moyens de propagande bourgeois ». Mais la pluralité linguistique des émissions soviétiques vers l'étranger – en 1970, par exemple, Radio Moscou diffuse à destination de l'Afrique deux cent trente-cinq heures hebdomadaires en 15 langues contre cent trente en 4 langues pour la *Voice of America* – ne compense pas l'univocité de la langue de bois. De plus en plus en porte à faux par rapport aux réalités vécues des audiences, de l'avis même des conseillers de l'USIA, le média soviétique ne fait déjà plus sens, sauf pour les convaincus de toujours.

II. – Conquérir l'espace

1. **Le complexe militaro-industriel.** – Si l'impératif de la défense contre la « menace extérieure » a constitué pour l'Union soviétique, depuis sa naissance, un des arguments majeurs de légitimation du régime et un des moteurs centraux de son économie, en revanche, pour les États-Unis, il représente une nouveauté qu'apporte l'entrée dans la guerre froide.

Dès 1947, cette situation inédite est institutionnalisée par le *National Security Act.* Ce décret fournit le cadre légal qui permet de maintenir la mobilisation exceptionnelle des années de guerre, empêchant ainsi une démobilisation qui risquait de renouer avec les récessions des années 1930. Dans les faits, il abat les cloisons entre le privé et le public, le civil et le militaire, la recherche appliquée et la recherche fondamentale, les laboratoires industriels et les centres d'enseignement et de recherche universitaires. Il reconduit de la sorte les expériences de synergies qui ont fait leurs preuves au cours de la seconde guerre mondiale et qui ont débouché sur la mise au point, par exemple, de systèmes balistiques à base de grands calculateurs électroniques, première génération de la lignée informatique. Un indice parmi d'autres de la participation massive de l'État américain aux dépenses de recherche et développement des firmes électroniques et aérospatiales, berceau des technologies d'information et de communication : en 1930, la part prise par le budget fédéral dans la recherche privée et publique n'était que de 14 % ; en 1947, elle grimpe à 56 %. Les logiques de l'affrontement planétaire mettent donc une sourdine aux analyses de l'inventeur de la cybernétique Norbert Wiener qui, en 1948, voyait dans le proche avènement de la « société de l'information » le garant d'un non-retour à la barbarie de la seconde guerre mondiale.

L'afflux de fonds en provenance du Pentagone renouvelé à chaque étape des guerres asiatiques joue un rôle décisif dans l'invention du premier ordinateur à transistors en 1959 par la société IBM. Les subsides permettent surtout de construire les premiers réseaux intercontinentaux, qui ont d'abord été conçus dans le cadre de la coordination étroite entre besoins militaires et production industrielle. Dans ces mêmes années 1950, est construit, à la demande de l'US Air Force, le réseau de défense continentale SAGE (Semiautomatic Ground Environment). En reliant chaque ordinateur à une unité de radar enregistrant les trajectoires des vols et en connectant par téléphone tous les ordinateurs du système, ce dispositif inaugure la transmission des données en temps réel, la « téléinformatique ». Autre application qui nous rapproche de la fin du siècle : en 1958, commencent les premières expériences de liaisons entre ordinateurs de centres de recherches travaillant pour le département de la Défense. En 1968, sous ces mêmes auspices, le premier réseau de transmission de données est en place : l'ARPANET (Advanced Research Project Agency Network) relie entre eux les centres de calcul des universités et ces derniers, par satellite, avec Londres et les régions du Pacifique via Hawaii. Dès sa conception dans le cadre de la sécurité nationale, ce système garde l'idée initiale d'un réseau de calculateurs maillé de telle façon que le cheminement des données numériques puisse s'effectuer par plusieurs voies différentes et que l'ensemble ne souffre pas trop de la destruction éventuelle d'un ou de plusieurs centres de calcul. Vers les années 1990, il servira de référence majeure au réseau mondial Internet.

2. **L'Intelsat.** – Le premier satellite artificiel *Spoutnik,* lancé en 1957 par l'Union soviétique, ouvre un autre front de la guerre froide : la course spatiale. Pour relever le défi, le président Eisenhower fonde, l'année suivante, la NASA (National Aeronautics and Space Administration) dont l'objectif primordial est certes de conquérir la Lune, mais aussi d'établir un système de liaisons mondiales.

En 1962, le satellite *Telstar* relie l'Europe et les États-Unis. En 1965, *Early Bird* est mis en orbite. C'est le premier satellite géostationnaire de télécommunication commerciale du réseau international des satellites Intelsat ou International Telecommunications Satellite Consortium. Ce consortium est la forme institutionnelle, approuvée par le Congrès, que dès 1964 la NASA et l'industrie aérospatiale américaine proposent aux « pays du monde libre » pour les associer à l'exploitation d'un système de communication mondial. L'emprise des États-Unis sur Intelsat est, à l'origine, absolue. D'une part, il est géré par une société privée d'un genre particulier, la Comsat, dont quatre géants se partagent 45 % des actions : ATT, ITT, RCA et GTE (General Telephone & Electronics). L'autre moitié se repartit entre une myriade de petits actionnaires et les 163 firmes restantes de l'industrie de la communication américaine. Dans son conseil d'administration, en plus des représentants des actionnaires, figurent trois délégués de la Maison-Blanche. D'autre part, les États-Unis sont propriétaires de 60 % des parts de Intelsat, un quota fixé en fonction de l'utilisation qu'en fait effectivement cette nation. La Grande-Bretagne, la France et l'Allemagne fédérale en possèdent 20 % et le reste se distribue entre 15 autres nations industrielles. Aucune nation du Tiers Monde n'est présente parmi les partenaires dans le consortium. Par contre, fidèle à la doctrine de l'État-providence international, Intelsat offre à toute nation en voie de développement un tarif réduit dont le coût est supporté par les pays industrialisés.

En 1965, l'Union soviétique propose à ses partenaires du camp socialiste l'accès à son propre système, Intercosmos. Six ans plus tard, elle met sur pied un organisme à caractère commercial, Intersputnik.

La course spatiale comme grand récit d'une nouvelle Nouvelle Frontière dure un peu plus de dix ans. L'ère de la détente fait fleurir les projets d'accouplement des vaisseaux des deux superpuissances *(Soyuz)*. L'industrie spatiale américaine amorce sa reconversion en accélérant les applications à des fins utiles à court terme. Si les dépenses du Pentagone en matière de satellites espions ne fléchissent point, le gros des budgets de la NASA va désormais au lancement de satellites de communication, d'observation météorologique, d'aide à la navigation aérienne et maritime ou d'observation des ressources naturelles. En juillet 1972, la NASA lance le premier satellite civil d'observation de la Terre, ERTS-1 (Earth Resources Technology Satellite), rebaptisé plus tard Landsat-1.

En revanche, les autorités de l'Union soviétique ne songent pas à dériver des produits civils de leurs systèmes militaires. Fondé sur la rétention de l'information, le système de pouvoir continue à être talonné par la logique prioritaire et exclusive de la défense. Si la machine industrielle soviétique fut à même d'inventer en 1947 la célèbre *Kalachnikov,* l'arme qui a équipé les maquisards du monde entier, elle fut incapable d'imaginer le transistor, cet autre objet qui, popularisé à partir de la seconde moitié des années 1950, a changé la vie quotidienne et la géopolitique. Pour mieux empêcher ses citoyens d'écouter les émissions étrangères, l'Union soviétique promeut l'écoute collective et produit des récepteurs à fil qui ne peuvent capter les radios extérieures.

La conquête de l'espace est longtemps restée une affaire américano-russe. Ce n'est que à partir des années 1980 que l'Europe parvient à contrer l'industrie américaine des lanceurs et des satellites de télécommunications. La réaction américaine ne se fait d'ailleurs pas attendre : le président Ronald Reagan déréglemente le système intergouvernemental Intelsat en le mettant en concurrence avec les satellites privés et en supprimant la clause qui accorde des tarifs réduits aux pays du Tiers Monde. Dans les autres domaines de la technologie spatiale, les lancements des premiers satellites civils d'observation de la Terre (Spot-1, 2, 3) s'échelonnent entre 1986 et 1993. En matière militaire, la dépendance à l'égard des satellites des services de renseignement des États-Unis se fait particulièrement sentir lors de la guerre du Golfe, en 1990-1991, et en Bosnie. Les impératifs du couple économie globale / sécurité globale ont accéléré la mise en orbite des systèmes de repérage. Le Pentagone a lancé un projet pharaonique de satellites espions. L'Union européenne a mis en route le projet Galileo, un système à usage civil uniquement, au grand dam des partisans d'une Europe de la défense.

III. – Intégrer le Tiers Monde

1. Communiquer pour développer. – En 1949, dans un discours sur l'état de l'Union, connu sous le nom de « Point Quatre », le président Harry Truman érige en priorité la lutte contre le « sous-développement ». La notion de « développement », qui avant guerre renvoyait majoritairement au degré de « culture » et de « civilisation » atteint par une nation, prend une connotation économique et oriente un vaste programme de mobilisation des énergies et de l'opinion publique autour des grands déséquilibres qui menacent de

« faire le lit du communisme mondial ». Inauguré au début des années 1950 dans les zones ultra-sensibles du Moyen-Orient en proie aux tentatives de nationalisation des puits de pétrole, ce programme se déploie réellement dans la décennie suivante en Amérique latine. Pour contrer la révolution castriste (1959), Washington offre à ses voisins du Sud une « Alliance pour le progrès », une « révolution dans la liberté ».

Forts des leçons qu'ils ont tirées de leur enrôlement dans les opérations psychologiques outremer en temps de guerre et des progrès du marketing industriel dans leur propre réalité, les sociologues des universités américaines en extrapolent les hypothèses. La question du développement est définie comme un processus de diffusion de l'« innovation ». Le but des stratégies de persuasion est de « faire évoluer » les attitudes des populations en état de « sous-développement », c'est-à-dire de les faire passer d'une culture et d'une société dites traditionnelles à une culture et une société dites modernes. Le poncif de l'« occidentalisation » *(westernization)* résume toutes les qualités propres à l'« attitude moderne » et aux « goûts cosmopolites ».

On calcule des indices de modernisation en croisant des taux d'alphabétisation, d'industrialisation, d'urbanisation et d'exposition aux médias ; on trace des courbes et on dresse des typologies de modernisation qui situent chaque pays du Tiers Monde sur l'échelle qui mène à la croissance du revenu *per capita*. Pendant près d'un quart de siècle, cette grille de lecture préside à l'entendement des rapports Nord/Sud. Elle correspond à un esprit du temps. Au cœur de l'aide au développement des politiques gouvernementales, elle imprègne la philosophie des Nations Unies. L'Unesco s'empresse ainsi de traduire en plusieurs langues les textes fondamentaux de cette sociologie instrumentale, tandis que ses fonctionnaires établissent des catalogues de « standards minimaux » : pour s'extirper du sous-développement, pour « décoller », un pays doit avoir atteint un certain taux d'équipement en sièges de cinéma, en postes de radio et de télévision. Vecteurs de « conduites modernes », les médias sont envisagés comme les agents innovateurs. Messagers de la « révolution des espérances croissantes », ils propagent les modèles de consommation et d'aspirations symbolisés par les sociétés qui ont déjà accédé à l'étape supérieure de l'évolution. Cette croyance sans pli en un progrès exponentiel et en la vertu modernisatrice des médias ne fait que mettre au goût du jour les vieilles conceptions ethnocentriques des théories diffusionnistes du XIXe. Le « primitif » est devenu le « sous-développé », et il n'a comme option que d'imiter les modèles de ses aînés. Cette conception imprègne l'usage des médias audiovisuels mis au service de la « rationalisation » des attitudes des paysans (adoption des techniques, des engrais) et des comportements des femmes des couches populaires en matière de contrôle des naissances. Relayée par les autorités locales, elle stimule des expériences d'utilisation du satellite à des fins éducatives dans des pays aux vastes proportions comme l'Inde et le Brésil. Le comble est le cas du régime dictatorial de ce dernier pays qui, se refusant à reconduire les campagnes d'alphabétisation et de mobilisation massive du régime qu'il a renversé, fait appel en 1974 aux spécialistes de l'ingénierie éducative de Stanford pour lancer une expérimentation éphémère dans la zone la plus pauvre du Nordeste et, par ailleurs, prive de chaire et force à l'exil ou à la clandestinité ses propres sociologues, pédagogues et anthropologues.

2. **S'insurger.** – En avril 1955, la Conférence afro-asiatique de Bandung (Indonésie) donne le coup d'envoi au Mouvement des non-alignés. Trois ans auparavant, le démographe Alfred Sauvy et l'anthropologue Georges Balandier ont nommé Tiers Monde ce tiers état international. La radio devient un instrument de lutte aux mains des mouvements de libération. La plus connue, *La Voix des Arabes,* est inaugurée en 1953 par le régime égyptien du colonel Nasser. Émettant depuis Le Caire, elle devient le porte-voix de la révolution panarabe. En 1956, *La Voix de l'Algérie combattante* irrigue la société algérienne à partir de Tunis. Les autorités françaises ripostent en brouillant systémati-

quement ses émissions et en interdisant la vente de récepteurs et de piles. Deux ans plus tard, c'est la *Radio Rebelde* des guérilleros castristes qui, à l'initiative personnelle d'Ernesto Che Guevara, lance son premier message depuis les territoires libérés de la Sierra Maestra.

Le conflit algérien se révèle une leçon de choses médiatiques. Les spécialistes français de la contre-insurrection découvrent le rôle dévolu dorénavant aux médias dans la légitimation des objectifs d'un mouvement insurrectionnel devant l'opinion publique internationale. Particulièrement ulcérés par le comportement de certains médias de la métropole et de la presse internationale pendant le conflit algérien, ils les accusent d'avoir fait le jeu de l'ennemi.

Plus tard, au terme d'une autre guerre contre-insurrectionnelle, la guerre du Vietnam, nombreux sont les conseillers du Pentagone à reprendre ce type d'arguments. En dépit des investissements substantiels dans les opérations psychologiques, ouvertes et clandestines, et autres campagnes de « pacification », les stratégies de propagande n'ont pas réussi à faire contrepoids aux mouvements de l'opinion publique. C'est en tout cas le constat que dresse, l'année même de la chute de Saïgon en 1975, le géopoliticien Samuel P. Huntington qui met nommément en cause la nouvelle source de pouvoir national que sont les *networks,* les *news magazines,* le *Washington Post* et le *New York Times.* Extrapolant les enseignements de cette période de guerre, Huntington incrimine la liberté de ton des médias et en fait une des causes de la crise et de l'ingouvernabilité des démocraties occidentales. Ces termes figurent d'ailleurs dans le titre du rapport qu'il rédige, de concert avec le Français Michel Crozier et le Japonais Joji Watanuki, pour la Commission trilatérale, ce « groupe de citoyens privés » fondé en juillet 1973 à l'initiative de David Rockefeller, président de la Chase Manhattan Bank, et composé de plus de deux cents personnalités des trois régions (Amérique du nord, Europe occidentale et Japon) qui s'est donné pour tâche d'élaborer des solutions pour sortir de cette crise.

Chapitre V

LA TRANSNATIONALISATION ET LA RAISON GÉO-ÉCONOMIQUE

La représentation géopolitique du monde entretenue par la guerre froide a eu pour effet d'estomper les logiques géo-économiques. Leur force de structuration de l'espace mondial ne commence à acquérir un caractère d'évidence qu'au cours des années 1970. En contestant l'ordre international de l'économie et de la communication, le nouveau sujet historique « Tiers Monde » fait découvrir les multiples prolongements de l'échange inégal. De leur côté, les États-nations européens esquissent une réaction contre la menace de déstabilisation de leurs politiques culturelles et technologiques par les sociétés multinationales.

I. – Vers la fin du monopole interétatique

Deux types de processus accélèrent la prise en compte des réseaux d'interactions et de transactions non étatiques comme agents de l'intégration mondiale. D'une part, la construction des politiques industrielles dans le cadre de l'intégration régionale, au premier chef, dans la Communauté européenne ; de l'autre, les résistances opposées par les grandes compagnies étrangères aux pays du Tiers Monde qui entreprennent de nationaliser les secteurs stratégiques de leur économie. Un processus extrême en devient le révélateur : la stratégie d'encerclement économique et idéologique dont est la cible le régime socialiste du président chilien Salvador Allende entre 1970 et 1973 de la part d'une alliance objective entre les forces de l'opposition intérieure, les forces armées, les sociétés multinationales (dont International Telegraph & Telephone) et les organes de renseignements du gouvernement des États-Unis. Dans les mois qui suivent le coup d'État militaire, cette collusion devient de notoriété publique grâce aux confessions de ses protagonistes au cours des *Hearings* ou auditions organisées devant les commissions *ad hoc* du Sénat américain.

Progressivement le schéma d'analyse du mouvement vers l'intégration mondiale s'élargit aux acteurs et aux interactions non étatiques, transnationales et transgouvernementales. Les réseaux de communication se trouvent à l'avant-plan de cette reformulation. Reste à dénommer les nouveaux acteurs. La présence de la majorité des entreprises manufacturières à l'étranger étant liée au développement de leurs flux d'exportation, les notions d' « entreprise internationale » et d' « internationalisation » ont longtemps paru suffire pour désigner l'expansion de ces firmes hors de leur pays d'origine. Dès les années 1960, ces notions s'avèrent déjà inadéquates pour aborder des acteurs qui alimentent les flux d'investissements et d'implantations à l'étranger. Naît alors la notion d' « entreprise multinationale ».

La prise de conscience du rôle que ces entreprises jouent dans l'économie et la politique internationales change la donne. Chargés d'étudier la façon de réguler les activités des firmes étrangères, les experts des Nations Unies proposent de remplacer le terme « multinational » par celui de « transnational ». La notion de « multinationales » laissait croire que ces entreprises étaient à la fois la somme de plusieurs nationalités et chaque nationalité en particulier. Bref, qu'elles étaient profondément ancrées dans le territoire amphytrion. En lui préférant le terme « entreprises transnationales », ils entendent marquer une différence d'appréciation politique. Le nouveau suffixe met l'accent sur la non-coïncidence territoriale et sur le mode de gestion centralisée de ces firmes. En quête de la flexibilité, source de la performance, la firme transnationale tire avantage des conditions favorables – naturelles, financières, politiques et juridiques – prévalant dans chacune des nations hôtes, ou, à l'inverse, cherche à éluder celles perçues comme défavorables à ses intérêts. Le mot « multinational » oblitérait le caractère polémique de l'expansion de ces nouvelles unités du capital supranational en faisant de l'économie mondiale une mosaïque d'économies locales. Le terme « transnational » qui implique l'existence d'un mouvement d'ensemble vers l'intégration au niveau mondial entend signifier qu'il y a une source virtuelle de conflits entre les intérêts des macro-entreprises et les territoires où elles s'installent. Conscientes de ces enjeux, les Nations Unies instaurent en 1974 une Commission sur les sociétés transnationales, rattachée au Conseil économique et social, et un Centre d'études sur le même sujet qui dépend directement du secrétariat. Leur mission est claire. Formulée dans la langue administrative, il s'agit de « faciliter la conclusion d'arrangements internationaux efficaces portant sur les activités des sociétés transnationales en vue de favoriser leur contribution aux objectifs nationaux de développement et à la croissance économique mondiale tout en contrôlant et en éliminant leurs effets négatifs ». Le Centre est ainsi appelé à produire des expertises aussi bien sur les stratégies des sociétés pharmaceutiques et agro-alimentaires que sur les réseaux publicitaires ou les flux transfrontières de données.

Pragmatiques et restant à l'écart de la polémique conceptuelle, les manuels de marketing international classent les firmes ayant des opérations étrangères à partir de trois profils d'attitudes selon leur mode d'entrée sur le marché. La firme est dite « ethnocentrique » (ou monocentrique) lorsque les filiales étrangères sont étroitement liées à l'identité nationale du siège central. La firme « géocentrique » est celle dont les filiales sont « fortement intégrées dans la recherche d'une stratégie optimale dans une perspective cosmopolite ». La firme « polycentrique », elle, dispose de peu de filiales étrangères, bien intégrées mais gérées sur une base décentralisée. Cette nomenclature recouvre évidemment des modalités de transnationalisation multiples qui ont évolué dans le temps et en fonction des secteurs d'activités auxquels appartiennent ces firmes.

Les entreprises transnationales du complexe communicationnel sont parmi les premières à prendre acte de la relation conflictuelle entre le local, le national et le transnational. Évoluant dans le champ ultrasensible des identités particulières, elles cherchent à les esquiver ou à s'y adapter, en bonnes adeptes du darwinisme qu'elles apprennent à être rapidement.

II. – Rapports de force et médiations nationales

1. **L'expansion des réseaux publicitaires.** – Si, au sortir de la guerre, le Plan Marshall permet à l'Europe dévastée de renouer avec la croissance, il est aussi le cheval de Troie de l'« américanisation de la société ». Il ouvre la voie à la modernisation de l'appareil industriel des pays concernés et sert de toile de fond au réaménagement de la société. Comme l'explique Luc Boltanski dans son ouvrage sur les cadres, c'est par sa brèche que s'engouffrent des systèmes de valeurs, des technologies sociales et des modèles d'excellence qui ont fait leurs preuves aux États-Unis. L'*Human engineering* et le management accompagnent la formation d'un type de gestionnaires.

La modernisation du dispositif publicitaire dans l'Europe de l'après-guerre fait partie de ces mutations structurelles. Ses phases successives illustrent les tours et détours du processus de transnationalisation du marketing. La publicité qui au début n'apparut que comme une « technique de modernisation des méthodes de vente » est devenue, au fil du temps, le vecteur de la commercialisation de l'ensemble du mode de communication et, comme tel, une figure désormais centrale de la sphère publique. Lieu privilégié de la production de l'« événement technique », c'est-à-dire celui qui est créé à partir d'artifices visuels ou sonores, provoquant une altération brusque qui brise la continuité d'une information et restimule l'attention des audiences, elle est le laboratoire d'avant-garde de la culture de masse.

Si l'on exclut les réseaux fondés lors de la Grande Dépression, la première grande vague d'internationalisation des agences en Europe commence vers les années 1950 pour atteindre son sommet dans la décennie suivante, celle dite du « défi américain ». Phase impériale où les protagonistes principaux viennent des États-Unis et suivent les flux d'investissements directs de leurs firmes industrielles. Leur arrivée en force décime les agences locales dans la plupart des pays où des filiales s'installent. Malgré le renforcement de la présence américaine, la France est le seul pays européen à préserver une part majoritaire de son marché intérieur grâce à ses deux figures de proue historiques (Havas et Publicis). Les filiales des agences des États-Unis travaillent alors surtout pour des clients de leur propre nationalité. Dans beaucoup de pays, et notamment en France, elles sont écartées des budgets publicitaires des grandes entreprises et institutions publiques. Il n'existe que peu d'interactions entre les diverses filiales nationales. Partout, autour du globe, elles constituent des centres d'apprentissage d'un savoir-faire qu'elles sont les seules à posséder. Fort de cette omniprésence, le porte-parole des agences américaines, *Advertising Age,* leur décerne alors le titre de « diplomates officieux de la nation ». Car elles « représentent le style de vie du pays de façon beaucoup plus intense et réaliste que le Département d'État ou les ambassades ».

La seconde génération de réseaux internationaux occupe les années 1970. Dans cette décennie où se consolident les marchés nationaux de la publicité, les agences locales, là où elles subsistent, taillent des croupières aux réseaux américains, en se disputant les mêmes clients, et commencent une timide internationalisation. La poussée des marchés intérieurs crée de nouveaux rapports de force entre les professionnels locaux et les agences américaines. De plus, sous toutes les latitudes, des gouvernements édictent un train de mesures à l'encontre des agences étrangères au nom de la protection du marché de l'emploi, de la sauvegarde de la langue et de la culture nationale, voire de la morale. Face à ce qu'elles interprètent comme de nouvelles formes de nationalisme, les agences américaines proposent des formules d'association à participation minoritaire et recrutent des talents locaux. Qui plus est, elles reconnaissent l'existence de « différences culturelles » et tentent de les prendre en compte. La coordination entre filiales nationales pour gérer le budget d'une firme transnationale sur le plan régional ou mondial est encore une exception qui confirme la règle de la juxtaposition des agences. Ce n'est qu'avec les « réseaux globaux » des années 1980 qu'un plan d'ensemble se dégage. Cette troisième génération mérite vraiment le nom de réseau et d'acteur géostratégique.

2. **Une stratégie de résistance institutionnelle : le cinéma français.** – En compensation de l'aide économique apportée par le plan Marshall, le négociateur demande au gouvernement français d'alléger les restrictions sur l'exportation des films américains en vigueur depuis la fin des années 1920. En mai 1946, est signé à Washington l'accord Blum-Byrnes, du nom du représentant français, Léon Blum, et du secrétaire d'État américain, James Byrnes. L'accord annule les mesures du décret Herriot. Au quota d'importation, il substitue un quota « écran » qui réserve ce dernier durant quatre semaines tous les trimestres aux films français. Une mesure en franche régression par rapport à l'antérieure, puisque son application donne dans la réalité un temps d'occupation des écrans équivalent à 31 % alors qu'il s'élevait à 50 % avant la guerre. C'est-à-dire que le nouveau quota ne permet pas au potentiel de production français de passer dans les salles. En 1946, la France réussit à produire 96 films ; l'année suivante 1974. La crise qui s'étend dans les diverses branches du secteur projette les acteurs, les réalisateurs et les producteurs, soutenus par la presse, dans la rue et oblige l'Assemblée nationale à remettre en question les accords. Les négociations avec Washington aboutissent à leur modification. Un nouvel accord est signé en septembre 1948. Il remet à l'ordre du jour le système des quotas d'importations qu'il double de celui du temps « écran ». Sur 186 films autorisés annuellement à entrer dans le pays, 121 pourront provenir des États-Unis. Le temps « écran » passe de quatre à cinq semaines, ce qui donne une augmentation de 31 % à 38 %. L'importation de films autres qu'américains se voit donc soumise à des restrictions léonines. Son chiffre passe à 65. Les mesures de protection s'accompagnent d'une véritable stratégie d'encouragement à la production de films. Au cœur du nouveau système de soutien : le Centre national

de la cinématographie (CNC) dont une des missions est d'assurer le réinvestissement dans la production nationale d'une partie des recettes obtenues en France par les films étrangers.

Le résultat de cette stratégie de protection et de production du cinéma national fera de la France un des rares pays en Europe et dans le monde à réussir à conserver à ses écrans un certain pluralisme. En faisant le choix inverse, la Grande-Bretagne a pratiquement vu disparaître son cinéma national. Si elle a sauvegardé une industrie du cinéma, c'est parce que, depuis longtemps, ses plus gros clients sont les producteurs de films publicitaires. Adrian Lyne, Tony Scott, Allan Parker, Ridley Scott n'ont eu comme solution que d'émigrer en Californie pour y faire leurs films. L'absence de soutien n'a toutefois pas empêché l'essor d'un cinéma social. Quant à l'Italie qui avait réussi, à travers une politique officielle de soutien à la production, à préserver son cinéma national, elle assistera, impuissante, à partir des années 1980, à son déclin sous les coups de butoir de la déréglementation et de la privatisation de son paysage audiovisuel.

3. **La flexibilité des magazines.** – La guerre avait propulsé *Time* et *Newsweek* dans l'orbite internationale. En 1946, le premier arborait quatorze éditions et le second cinq. Mais toujours en anglais. Seul, le *Reader's Digest* avait opté pour publier des éditions dans les langues vernaculaires. Aux éditions latino-américaines, s'ajoutèrent des éditions pour la France, l'Espagne et le Portugal, pour la Suède et la Finlande. Cette publication est longtemps restée le parangon du produit éditorial transfrontières. Très tôt, le *Reader's* apprend à acclimater ses contenus à la diversité des paysages nationaux : un savant dosage entre des articles gérés par un centre mondial de coordination établi près de New York, des adaptations aux « intérêts et à la culture locale » et du matériel produit régionalement ou localement. Quarante ans après la première édition étrangère, plus de trente millions d'exemplaires circulaient en une quarantaine d'éditions publiées en une vingtaine de langues. Pendant

près d'un quart de siècle, *Time, Newsweek* et le *Reader's Digest* sont les seuls à sauter les frontières.

Les magazines, dont les plus fameux ont nom *Scientific American, Cosmopolitan, Family Circle, Playboy, Glamour, Good Housekeeping,* s'internationalisent à partir des *sixties.* Ils le font en suivant le système dit de la franchise. La société propriétaire du titre cède à un éditeur national le droit d'utiliser ce titre dans des conditions bien précises, moyennant le versement de *royalties.* Grâce à cette formule qui est l'aboutissement d'une réflexion stratégique sur la tension virtuelle entre le « national » et le « transnational », le franchisé se branche sur un réseau, un savoir-faire commun, une banque commune d'articles, un carnet d'adresses d'annonceurs, et parfois des séances de « remue-méninges » avec les équipes éditoriales d'autres versions locales. Processus à géométrie variable, chaque publication trouve des modalités spécifiques d'association avec le siège central, qui garde la haute main sur la destinée du titre, et n'hésite pas à rappeler à l'ordre. Un même titre ne s'internationalise pas partout en même temps. Il y a des avant-postes et des arrière-gardes. Certains pays du Tiers Monde y accèdent parfois avant les grands pays industriels (il y a huit ans d'écart entre les premières éditions latino-américaines de *Cosmopolitan,* lancées en 1966, et l'homologue français). Des magazines n'arrivent d'ailleurs pas à s'implanter dans certains pays. Enfin, la cible visée par les versions locales de matrices internationales est majoritairement « classe moyenne » et tire vers le haut de gamme.

Durant les années 1970, la constitution et la diversification de bases nationales de production éditoriale impliquent pour de nombreuses publications venues des États-Unis d'entrer en concurrence avec des genres similaires conçus localement. Les groupes français et allemands commencent à se tailler une place sur le marché mondial en fin de décennie. *Elle* multiplie les éditions étrangères et tient la gageure de conquérir le marché américain. Partout, le cœur de cible est la « jeune urbaine occidentale ». La presse financière, elle aussi, amorce sa percée transnationale. En 1976, *Wall Street Journal* lance depuis Hong Kong une édition asiatique. En 1979, *Financial Times* sort une édition européenne. Et son concurrent américain l'imite quatre ans plus tard.

III. – L'éveil des consciences planétaires

1. Pour un nouvel ordre mondial de l'information et de la communication. – Les années 1970 marquent un tournant historique dans l'approche à la fois des mécanismes industriels qui gouvernent la production de l'information et de la culture de masse, et celle des déséquilibres internationaux des flux et des échanges. C'est l'âge d'or de la critique.

Un premier foyer surgit à partir du Mouvement des non-alignés. Le quatrième sommet de ces pays tenu à Alger en 1973 pose les premiers jalons de la demande d'un « Nouvel ordre mondial de l'information et de la communication ». La plate-forme centrale où vont se dérouler les débats en est l'Unesco, l'organisme représentatif de la communauté des nations en matière de culture, communication, éducation et science. Ces débats sont symétriques à ceux que, dans le cadre de l'Assemblée générale des Nations Unies, mène depuis 1974 le « Groupe des 77 » (équivalent des non-alignés en matière économique) en vue d'obtenir la révision du système international des échanges commerciaux et jeter les bases d'un « Nouvel Ordre économique » (réforme des institutions monétaires, transfert réel de ressources pour financer le développement, accès aux marchés du Nord, transfert des technologies). Une idée centrale sous-tend la démarche dans le domaine de la communication : il existe un « impérialisme culturel » et la situation de « dépendance culturelle » qu'il engendre ne relève pas de la manipulation et du complot mais est un fait de structure. Les effets de domination sont à la racine du principe de l'échange inégal entre le centre et la périphérie.

Dès 1969, l'Unesco, alors présidée par le Français Jean Maheu, avait convoqué, à la demande de ses membres, une réunion d'experts à Montréal. Ordre du jour : dresser un état des lieux sur les savoirs en la matière et proposer des axes de recherche. Au centre de cette réunion : un débat sur la « communication à sens unique » qui caractériserait les rapports entre les pays en voie de développement et les autres, et qui de par son unilatéralité risquerait d' « entraîner des problèmes pour la compréhension mutuelle des nations ». En 1972, à l'instigation de la délégation soviétique, l'Unesco, d'abord, et l'Assemblée générale des Nations Unies, ensuite, avaient été saisies d'une proposition de convention en vue de réguler les transmissions des satellites de diffusion directe (qui n'ont pas besoin de relais terrestre). Lors du vote sur le principe, les États-Unis s'étaient retrouvés seuls contre tous.

Le débat sur le Nouvel Ordre débute sur la critique de la « couverture souvent tendancieuse, incorrecte, non objective et inadaptée faite par les quatre grandes agences de presse des pays développés qui monopolisent la diffusion mondiale des nouvelles ». Sont visées plus particulièrement les agences américaines dont la partialité est alors concrètement attestée par leur attitude vis-à-vis du régime du président du Chili, Salvador Allende. Au fil du temps, le débat s'élargit en un cahier de doléances sur des questions aussi vastes que la répartition du spectre des fréquences et la construction d'infrastructures nationales de communication. En 1977, un rapport est commandité par le nouveau directeur de l'Unesco, le Sénégalais Amadou Mahtar M'Bow, à une Commission internationale pour l'étude des problèmes de la communication, présidée par l'Irlandais Sean MacBride, prix Nobel et prix Lénine de la paix. Le rapport final est publié en 1980. Il s'agit là du premier document officiel émis sous les auspices d'un organisme représentatif de la communauté internationale où se trouve posée noir sur blanc la question du déséquilibre des flux de dépêches d'agences, de programmes de télévision, de films et autres produits culturels ainsi que des équipements.

Le rapport MacBride fait l'objet d'un ample débat lors de la Conférence générale de l'Unesco tenue à Belgrade fin 1980. Nombreux sont les facteurs qui mènent à l'impasse. Intransigeante jusqu'à l'extrême, l'Amérique reaganienne cherche à imposer à tout prix sa doctrine intangible du *Free Flow of Information*. Quant aux pays du bloc communiste, ils brouillent les pistes, épousant la demande légitime d'émancipation culturelle du Sud pour mieux ressasser leur opposition à toute ouverture de leurs propres systèmes de communication de masse. Pour les autorités de l'Est, le moment est particulièrement crucial. Au fantasme du satellite de réception directe, s'ajoute la réalité palpable d'un système de contrôle social que, en dépit de toutes les mesures de brouillage du spectre de radiodiffusion, les médias transfrontières rendent de plus en plus poreux. Relayées par les mouvements de la dissidence intérieure, les radios et les télévisions occidentales, et bientôt les vidéocassettes, effectuent un travail de sape quotidien en faisant miroiter des modèles de vie en contradiction avec l'économie de pénurie et les slogans scandés par la propagande de l'État-parti. Enfin, il y a non seulement l'extrême hétérogénéité technologique des pays non alignés, mais leurs contradictions politiques internes. Car certains régimes saisissent cette tribune internationale pour désigner des boucs émissaires exogènes et ainsi se dédouaner de leurs propres compromissions et carences en matière de liberté d'expression de leurs journalistes et de leurs créateurs. Nonobstant ces nombreuses limites, ces débats restent le premier cri d'alarme sur l'échange inégal des images et des informations. Au-delà de leur rhétorique parfois virulente, ils sont l'expression d'une contestation du modèle de développement, et donc d'un type de rapport entre le Nord et le Sud, matérialisé par les stratégies modernisatrices depuis les années 1950. Critiques des schémas verticaux de la communication dictés par le diffusionnisme, ils posent la question du rapport entre démocratie et développement, communication et participation des intéressés à leur propre développement. Ils sont une occasion de ramener à la surface la mémoire enfouie de philosophies et de penseurs issus du Tiers Monde qui prennent le contre-pied de la vision productiviste et rationaliste du développement. D'un point de vue ponctuel, la philosophie du Nouvel Ordre a inspiré la création d'agences de presse nationales ou de pools d'agences régionales ainsi que des politiques sectorielles, telles celles, citées antérieurement, visant à la régulation des agences de publicité étrangères ou encore celles établissant des marchés réservés et des politiques de quotas en vue de soutenir la production cinématographique nationale.

En 1985, les États-Unis, invoquant la dérive vers une « politisation » des problèmes de communication, claquent la porte de l'Unesco, bientôt suivis par Singapour et l'Angleterre de M. Thatcher. Washington menace, sous le même chef d'accusation, d'en faire tout autant à l'Union internationale des télécommunications qui, dès 1979, a été chargée d'organiser la Conférence administrative mondiale de la radio (CAMR). Pour la première fois, 142 délégations ont été conviées à changer, au grand dam de la délégation américaine, la règle du « droit de priorité d'emploi » en matière de répartition des fréquences, imposée au début du siècle par la poignée des grandes puissances maritimes.

Les discussions sur le Nouvel Ordre ont eu indubitablement une fonction d'éveil stratégique. Pour les réseaux de défense des intérêts corporatifs, comme l'International Advertising Association (IAA) ou la Société interaméricaine des propriétaires de presse (SIP), qui se révèlent particulièrement actifs dans le travail de lobbying, c'est le point de départ d'une réorganisation institutionnelle en vue de relever un « défi » qu'ils identifient comme « global » et loin d'être conjoncturel. Cela se vérifie également du côté des organisations non gouvernementales qui, désireuses d'aller au-delà des pétitions de principe des États, prennent des initiatives en marge des enceintes officielles. C'est notamment le cas des réseaux d'ONGs qui, entre 1974 et 1976, orchestrent avec succès le boycott international de la firme Nestlé en vue d'enrayer ses campagnes de publicité et de promotion tapageuses en faveur des substituts du lait maternel dans le Tiers Monde.

2. **Europe : le revers des politiques culturelles.** – Le deuxième foyer où se formule une doctrine sur les conséquences de l'internationalisation des produits culturels se trouve en Europe et la France y joue un rôle de premier plan.

Fin 1978, les ministres européens responsables des Affaires culturelles parlent explicitement des « industries culturelles, multinationales par nature », et reconnaissent que les outils de régulation juridique mis en place par l'État-nation sont de peu de poids pour les endiguer. Peu avant, la notion d'« industries culturelles » est entrée par l'entremise des experts français du ministère de la Culture dans les énoncés du Conseil de l'Europe. À la base, le constat sur le combat inégal entre les buts poursuivis par la politique menée par les pouvoirs publics de démocratisation des biens culturels et l'ascension irrésistible d'une autre forme de démocratisation par le marché, à travers les produits de la culture de masse ; un constat également sur les risques encourus par l'identité nationale suite à la rupture des frontières de l'État-nation.

Entre le cri d'alarme lancé depuis le Sud et les avertissements des hauts responsables de la culture en Europe, aucun lien ne se tisse au cours des années 1970. Il faut attendre l'embellie des premiers temps de la présidence socialiste en France pour voir un gouvernement européen plaider ouvertement pour une politique capable de « garantir aux pays du Sud les moyens de maîtriser leurs moyens de communication et les messages qu'ils véhiculent » (discours du président François Mitterrand au Sommet des sept pays les plus industrialisés à Versailles en juin 1982). En octobre 1981, lors du Sommet Nord/Sud de Cancún (Mexique), il avait affirmé que « le marché libre ne permet d'autre croissance que celle des firmes multinationales qui créent dans le Tiers Monde des flots de richesse dans un océan de misère ».

Mais, à la fin des années 1970, une chose paraît déjà sûre : les réponses que sont susceptibles d'apporter les institutions internationales aux nouveaux problèmes sont largement en dessous des expectatives des uns et des autres. Peu de projets de recommandations aboutissent. C'est notamment le cas du code de bonne conduite des entreprises transnationales élaboré par l'ONU. La montée en légitimité des politiques néolibérales, allergiques à toute idée de contrôle et de régulation des activités des firmes transnationales par des instances publiques, scelle définitivement son sort dans les années 1980. La Commission et le Centre chargés de mettre au point ce cadre réglementaire sont d'ailleurs dissous. Quand l'issue des débats débouche sur l'adoption d'un code par les délégations gouvernementales, comme ce fut le cas du code de régulation des campagnes de marketing pour la vente des substituts du lait maternel, proposé par l'Organisation mondiale de la santé et voté à l'unanimité moins la voix des États-Unis, se pose la question de l'absence de force juridique contraignante. Sans compter que les sociétés transnationales ont vite trouvé la parade en promulguant leurs propres codes d'autorégulation.

3. **Le défi télématique.** – Les pays du Tiers Monde qui le peuvent, et le veulent, se donnent les moyens d'une véritable politique en matière de transfert de technologies. C'est le cas en particulier du Brésil et de l'Inde qui s'engagent délibérément dans la substitution des importations en vue de se doter d'une industrie informatique et aérospatiale, mais aussi d'armement. Limitant les conditions d'accès de leur propre marché aux grands constructeurs étrangers, ils nouent des alliances avec des firmes qui acceptent de négocier le transfert de leur savoir-faire en vue d'un acheminement progressif vers l'indépendance technologique nationale.

La question de la souveraineté nationale dans son rapport aux nouvelles technologies de l'information et de la communication travaille aussi les autorités des grands pays industriels. Pour se préparer à relever le défi, les gouvernements du Japon, de l'Australie et du Canada commanditent des diagnostics à leurs experts. En France, le rapport officiel sur l'« informatisation de la société » remis en 1978 au président Giscard d'Estaing par Simon Nora et Alain Minc – et appelé à avoir un retentissement international – plaide ouvertement pour une politique d'indépendance nationale à travers la réappropriation des réseaux de la télématique, néologisme qu'ils inaugurent pour signifier la convergence technique. Une indépendance désormais menacée, selon eux, par la monopolisation de l'information par les banques de données d'une seule puissance. « Le savoir, avertissent-ils, finira par se modeler, comme il l'a toujours fait, sur les stocks d'informations. Laisser à d'autres, c'est-à-dire à des banques américaines, le soin d'organiser cette "mémoire collective", en se contentant d'y puiser, équivaut à accepter une aliénation culturelle ; la mise en place de banques de données constitue donc un impératif de souveraineté. » Une fois faite cette mise en garde, les auteurs renouent avec la vision rédemptrice des réseaux, garants des retrouvailles avec une démocratie à la base. « La palabre informatisée et ses codes, écrivent-ils, doivent recréer une agora informationnelle, élargie aux dimensions de la nation moderne. »

La France met sur pied une Commission sur les flux transfrontières de données qui prévient : « L'enjeu principal reste la planification territoriale à une échelle mondiale, et spécialement la localisation des activités tertiaires avancées : le cerveau de la planète. » Enfin, un rapport commandité à Jacques Rigaud, alors haut commis de l'État et futur responsable de RTL, sur les « Relations culturelles extérieures » dresse un constat de carence sur les stratégies privées et publiques des industries culturelles françaises sur le marché international, et met en cause une conception historique de la culture et du service public.

4. **Vers la « société globale » ?** – L'évaluation de la contrainte transnationale par les experts français n'est pas forcément partagée par tous. Et pour beaucoup, là ne réside d'ailleurs pas l'essentiel. Car la donne technologique vient bouleverser les manières de voir la planète. En 1968, le Canadien Marshall McLuhan et son collègue Quentin Fiore, enracinant leurs analyses dans la première guerre de la télévision en direct, la guerre du Vietnam, ont déjà parié sur l'image électronique. Grâce au pouvoir de la télévision de mobiliser le sensorium de ses audiences, l'avènement du « village global », la communauté retrouvée par l'entremise du petit écran, est, selon eux, en train de réduire à néant les menaces de guerre, de combler l'écart entre militaires et civils, et de « faire progresser à grands pas tous les territoires non industrialisés, comme la Chine, l'Inde et l'Afrique ».

À la même époque, le théoricien du management Peter Drucker, moins porté vers l'utopie communicationnelle, croit déceler dans la nouvelle phase de l'intégration de l'économie mondiale l'entrée définitive dans l'ère du *global shopping center* et de la *global factory* qu'il illustre en donnant comme modèle les réseaux de production d'IBM.

Quant à l'Américain d'origine polonaise, Zbigniew Brzezinski, futur animateur de la Commission trilatérale et futur conseiller du président Carter en matière de sécurité nationale, il parle plutôt de « ville globale ». Car l'individu risque d'être plongé dans un environnement anonyme. Dans son ouvrage sur la « révolution technétronique » paru en 1969, il insiste sur la nouvelle « interdépendance » consécutive de la « révolution des communications ». La « diplomatie de la canonnière », estime-t-il, cède la place à la « diplomatie des réseaux ». La notion d'impérialisme est désormais caduque pour rendre compte des rapports qu'entretiennent les États-Unis avec les autres nations. S'il en est ainsi, c'est parce que la superpuissance américaine est devenue, à rebours de l'autre superpuissance qui sécrète l'ennui et la pénurie, la « première société globale de l'histoire ». Centre de propagation de la révolution technétronique, elle est la société qui communique plus que toute autre puisque 65 % de l'ensemble des communications mondiales partent de chez elle. Cette omniprésence en fait tout naturellement l'avant-garde d'un « modèle global de modernité », le vecteur de schémas de comportements et de valeurs à vocation universelle. Et dans le creuset de cette globalité qui transcende les « cultures fermement enracinées », les « identités nationales bien distinctes » et les « religions traditionnelles solidement retranchées », s'élabore une « nouvelle conscience planétaire ».

Toujours est-il qu'à la fin des années 1970 l'État-nation se retrouve attaqué sur les deux flancs. Mis en cause parce que trop grand pour les petits problèmes de l'existence, il est aussi accusé de devenir trop petit pour les grands problèmes. C'est en ces termes que le sociologue américain Daniel Bell, connu pour ses travaux sur la « société postindustrielle », s'adresse aux participants du colloque

« Informatique et société », organisé à Paris à l'automne 1979 dans le sillage du rapport Nora-Minc. Pour sortir de la double impasse, les réseaux d'information et de communication deviennent la panacée. Les notions d'« âge de l'information » et de « société de l'information » se convertissent en grille d'analyse.

5. **« Penser globalement, agir localement » : les réseaux des causes planétaires.** – Dans les années 1960 et 1970 apparaît sur le devant de la scène internationale un nouveau type de mise en réseau d'organisations non gouvernementales. Le phénomène se donne à partir de trois terrains : les droits de l'homme, les stratégies des sociétés transnationales dans le Tiers Monde et la protection de l'environnement. Pour l'essentiel, ces associations venaient des pays anglo-saxons. Ainsi, Amnesty International fondée en 1961 par un groupe de juristes, dont l'Irlandais Sean MacBride, et qui se définit elle-même comme une « organisation mondiale de défense des droits de l'homme indépendante de tout gouvernement et de toute idéologie ». L'International Organization of Consumers Unions (IOCU) a été créée en 1960 par des associations de consommateurs de cinq pays (États-Unis, Australie, Royaume-Uni, Belgique et Pays-Bas). Plus de 150 organisations fixées dans une soixantaine de pays en font maintenant partie. Cette organisation, qui dispose de trois sièges régionaux (La Haye, Montevideo, Penang), est à l'origine de nombreuses campagnes, notamment contre les pratiques de marketing des compagnies agro-alimentaires et pharmaceutiques, de l'industrie des pesticides, et, plus généralement, contre les méfaits du modèle de développement en vigueur. Greenpeace est née à Vancouver en 1971 dans la foulée de l'opposition aux essais nucléaires (américains) et à la guerre du Vietnam. Huit ans plus tard, débutaient réellement ses campagnes internationales en faveur de la « paix verte » et contre les États ou les entreprises portant atteinte à l'environnement.

Inventeurs de la formule *Think globally, act locally,* ces organisations non gouvernementales ont, à l'époque, renouvelé les modes d'intervention sociale. Alors que la majorité des organisations politiques et syndicales hésitent encore à se saisir de la question des médias, ces associations au professionnalisme éprouvé mettent en place leur propre dispositif de communication, investissent les médias et réussissent à convertir leur cause en sujet d'événement. Leur force réside dans l'articulation d'actions à la base et dans les pressions exercées sur les instances gouvernementales et supranationales. Leurs réseaux incarnent alors la flexibilité qui fait tant défaut aux grands appareils centraux, étatiques ou privés. L'utilisation des nouvelles technologies pour collecter, stocker et analyser les informations et tisser des échanges n'est plus un secret pour elles.

Pour la cause humanitaire, les années 1980 sont celles du *charity business* et de l'escalade médiatique dans un contexte marqué par le retrait de l'État-providence et l'érosion des politiques publiques d'aide au développement. Pour collecter des fonds, les organisations font un usage intensif des méthodes de persuasion de la communication lucrative et autres techniques de mailing, et n'hésitent pas à employer les mêmes fichiers que les grands de la vente par correspondance. L'esprit d'entreprise pénètre dans les anciennes organisations humanitaires comme dans les nouvelles. Le mot d'ordre de la communication atteint même l'organisation fondatrice de l'aide humanitaire moderne, La Croix-Rouge, qui est à l'origine de la notion juridique d'« espace humanitaire neutre » entérinée par la Convention de Genève en 1864. L'ancêtre des organisations pour le développement, l'Oxfam (Oxford Committee for Famine Relief), fondée en 1942, fusionne son département marketing et communication, et remodèle les 850 magasins de sa chaîne de distribution de produits achetés sans intermédiaires aux producteurs du Tiers Monde par l'Oxfam Trading et vendus sous son enseigne.

Au cours de ces mêmes années 1980, décennie par excellence du mythe de la communication, l'influence grandissante de la mentalité managériale suscite les controverses. En France, un débat s'engage sur les dérives de la visibilité médiatique. Les objections fusent. Les mises en scène des séquelles du dénuement et des formes multiples de la violence produiraient une vision particulière de l'état du monde et leur capacité à émouvoir le public dicterait des thèmes et des lieux d'action. Le choix des situations d'urgence se ferait au détriment de l'action à long terme et au mépris de la responsabilisation du donateur bénévole. Le « devoir d'ingérence humanitaire » opposerait à la complexité des solutions politiques une équation à terme unique qui a pour elle le mythe de la proximité du terrain, paramètre de l'efficacité.

La controverse sur l'ambivalence de l'action des organisations non gouvernementales s'élargit dans les pays du Tiers Monde. D'un côté, elles représentent cet aiguillon qui, par la conception qu'elles drainent de la démocratie au quotidien et par les thèmes de préoccupation concrète qu'elles brassent, rappelle la vacuité des formules abstraites des discours établis sur la démocratie. De l'autre, elles s'exposent à servir d'alibi aux gouvernements et aux grandes institutions financières comme la Banque mondiale, qui appuient leurs projets d'organisation à la base dans les domaines de l'éducation et de la santé. Une façon de se dédouaner à bon compte de leurs politiques globales d'austérité qui fomentent les sources de l'exclusion. L'organisation à la base amortit en quelque sorte les traitements de choc imposés d'en haut au nom d'une rationalité financière qui n'a cure du coût social des mesures imposées.

Les débats à haute visibilité sur l'aide d'urgence ont toutefois occulté d'autres ruptures plus discrètes survenues dans les rapports entre sociétés civiles. Mues par une philosophie du développement qui met en cause les termes de l'échange, sont apparues de nouvelles formes de « coopération décentralisée » et de réseaux d'échanges réciproques des savoirs. Au modèle diffusionniste de la communication persuasive a ainsi succédé une réflexion sur la « démocratie participative » et sur le rôle qu'y tiennent les divers médias. C'est dans sa foulée qu'est née en 1983, à partir du Québec, une association mondiale qui a mis en réseau les artisans des radios communautaires (AMARC). Ce carrefour de la radiodiffusion regroupe des radios alternatives d'Amérique du Nord, des radios locales d'Europe, des radios rurales d'Afrique, des radios populaires d'Amérique latine et d'Asie ou, encore, des radios de mouvements sociaux spécifiques comme celui des femmes. Dans les années 1990, nombre de ces mouvements accompliront leur branchement sur le réseau des réseaux tout en gardant la mémoire de la longue accumulation de leurs expériences antérieures et feront entendre leur voix lors des campagnes et mobilisations altermondialistes.

Chapitre VI

LA GLOBALISATION : LES RÉSEAUX DE L'ÉCONOMIE POSTNATIONALE

Les logiques transfrontières s'attaquent aux fondations institutionnelles des systèmes de communication des États-nations. En les branchant sur les normes des réseaux planétaires, le processus de déréglementation prélude à une mutation profonde du modèle économique et social. Pour cerner cette phase de l'intégration mondiale amorcée dans la seconde moitié des années 1980, une notion est apparue : globalisation. Empruntée à la langue anglaise, comme le fut le mot « internationalisation » à la fin du XIXe, elle a pour ambition de couvrir le processus d'unification du champ économique et, par extrapolation, de rendre compte de l'état général de la planète.

I. – Le capitalisme mondial intégré

1. **L'avant-garde géofinancière.** – La globalisation a fait ses premières armes dans la sphère des échanges financiers. Les cadres des systèmes nationaux ont sauté. Autrefois réglementées, cloisonnées, les places financières sont désormais intégrées dans un marché global totalement fluide, grâce à l'interconnexion généralisée en temps réel. Cette sphère financière imprime sa dynamique à une économie dominée par les mouvements spéculatifs de capitaux évoluant dans un contexte de surchauffe permanente. Avec l'emballement de la « bulle spéculative », la fonction financière s'est autonomisée par rapport à l'économie dite réelle et a pris le pas sur la production et l'investissement industriels. L'onde de choc du moindre faux pas se pro-

page sur toute la planète, préfigurant les sources de crise inhérentes à l'absence de mécanismes supranationaux de régulation. Premier secteur de la cyber-économie à avoir réalisé son intégration, la géofinance et ses espaces abstraits et déterritorialisés annoncent le déboîtement général de l'organisation économique mondiale par rapport au territoire sur lequel s'assied la souveraineté nationale.

Système logistique des transactions globales, les réseaux d'information boursière et financière, tels Dow Jones et Bloomberg, se sont redéployés et ont mis en images la planète des flux monétaires. L'agence Reuter, qui a également saisi l'importance du petit écran en rachetant Visnews, a réalisé une vocation séculaire. Coté en bourse depuis 1984, Reuters Holding Plc. retirait dix ans plus tard 93 % de son chiffre d'affaires, de la diffusion d'informations économiques (marchés des changes, marchés à terme et marchés des actions). L'agence de presse est ainsi devenue le principal fournisseur des *electronic traders*. Y a-t-il meilleure image du *perpetuum mobile* des flux médiatiques à l'échelle planétaire que leur coexistence dans une même entreprise avec les flux volatiles de l'argent dématérialisé ?

2. **Une philosophie de l'entreprise.** – La globalisation, c'est d'abord un modèle de gestion de l'entreprise qui, en réponse à la complexité croissante de l'environnement concurrentiel, procède à la création et à la mise en valeur de compétences au niveau planétaire en vue de maximiser ses profits et de consolider ses parts de marché. La globalisation est, en quelque sorte, la grille de lecture du monde propre aux spécialistes du management et du marketing. Un mot d'ordre commande cette logique entrepreneuriale : l'intégration. Ce dernier mot connote une vision cybernétique de l'organisation fonctionnelle des grandes unités économiques. En anglais, le terme « global » est synonyme de *holistic*. À la différence du mot « mondialisation » et de ses déclinaisons dans les diverses langues latines qui se limitent à la dimension géographique du processus, il renvoie expli-

citement à une philosophie holiste, c'est-à-dire à l'idée d'unité totalisante ou unité systémique. La firme globale est une structure organique dans laquelle chaque partie est supposée servir le tout. Tout défaut d' « interopérabilité » entre les parties, tout manque au libre-échange des flux, entraîne le risque de gripper le système. La communication se doit donc d'être omniprésente.

Intégration des espaces de la conception, de la production et de la commercialisation. L'implication totale de l'employé converti en son propre manager et *marketer* et la promotion du consommateur au rang de « pro-sommateur » ou « co-producteur » en sont deux ramifications marquantes. Mais il y a aussi et surtout l'intégration scalaire qui annonce un nouveau mode de mise en relation avec l'espace-monde. Les réseaux d'information et de production sur lesquels repose l'organisation de la circulation interne et externe de la firme globale en font une « entreprise-réseau » ou « entreprise maillée ». À la distribution hiérarchique des tâches et des pouvoirs dans l'entreprise sous le fordisme correspondait une sédimentation des espaces géographiques ; le local, le national, l'international se représentaient comme des paliers, imperméables l'un à l'autre, compartimentés. Tandis que la nouvelle conception relationnelle de l'entreprise et du monde dans lequel elle opère (en tant que réseau) suppose une interaction entre les trois niveaux. Toute stratégie de l'entreprise maillée doit être à la fois globale et locale. C'est cet interface permanent que les théoriciens japonais du management expriment à travers le néologisme *glocalize,* contraction de « global » et de « local ».

L'objectif de la double intégration, à l'interne et à l'externe, rend indispensable le recours aux techniques de la gestion symbolique, qu'elles s'appellent « culture d'entreprise » ou « marketing ».

3. **Standardisation/segmentation.** – Sauf à épouser l'hypothèse extrême émise en 1983 par le directeur de la *Business Harvard Review*, Theodor Levitt, d'une « standardisation universelle » et de son corollaire, l' « homogénéisation des besoins mondiaux », la globalisation des marchés,

des systèmes productifs et des systèmes techniques se conjugue avec la segmentation. Ce sont là les deux termes d'un rapport dialectique. La massification alterne avec la démassification, la seconde d'ailleurs contribuant à reculer les bornes de la première, à vaincre les résistances à la « standardisation universelle ». Même les firmes classées ethnocentriques appliquent la recette : un positionnement marketing mondial qui laisse une marge de manœuvre aux filiales.

L'approche unifiée au niveau stratégique se combine avec les modalités tactiques d'une autonomie capable d'épouser les plis et replis des territoires et des contextes particuliers. D'une part, l'adaptabilité des outils de production à des demandes particulières grâce aux technologies flexibles autorise la sortie de séries plus réduites de produits et donc leur différentiation, et permet de suivre leur cycle de vie de plus en plus court. D'autre part, les « freins culturels » à la performance de la firme sont pris en compte par les gestionnaires qui ne dissocient pas la tendance à la globalisation de ses conditions d'insertion nationales et locales. Les spécialistes de la communication interculturelle appliquée au management ont introduit dans leur taxinomie la notion de « métissage » pour signifier la nécessité d'esquiver le choc frontal des cultures à l'intérieur même de l'entreprise globale. Enfin, le marketing et la publicité segmentent les marchés et les cibles en modulant les interventions selon les différentes échelles pour mieux exploiter les opportunités de pénétration des réseaux, des produits et des services. L'optimisation accrue de l'investissement publicitaire entraîne un ciblage de plus en plus précis des messages. La segmentation du champ de la consommation progresse à mesure du perfectionnement des banques et des bases de données et autres techniques informatisées de cartographie socio-économique des cibles. Le commerce électronique, pivot de l' « individualisation de masse », porte à reconstituer la mémoire des achats que le consommateur a effectué, d'identifier le moment où, pour une raison à déterminer, il a cessé d'être loyal à un produit pour passer à un autre. Le risque qu'encourt l'espace privé n'a pas échappé aux autorités régulatrices de l'Union européenne. Depuis 1998, après six ans de négociations, une Directive garantit aux citoyens de l'Union le droit d'exercer un droit de regard sur les informations les concernant. De plus, aucune compagnie n'est autorisée à transférer des données individuelles vers des pays qui n'observent pas cette règle.

4. **Le nouveau statut de la fonction « communication ».** Dans la transition vers le modèle managérial global, la multiplication des risques a promu la fonction « communication » au rang des outils de la gestion stratégique. L'exigence de haute visibilité a transformé l'acteur entreprise en un protagoniste politique directement impliqué dans la gestion de la Cité. La gestion symbolique des divers publics par l'entreprise s'est professionnalisée et les métiers de la communication se sont diversifiés. L'ancienne fonction de « relations publiques » s'est élargie au point de prendre le nom d'« affaires publiques », terme que les grandes firmes du secteur aux États-Unis avaient déjà adopté à la fin des années 1970, période où elles avaient été soumises à une attaque tous azimuts, pour mieux marquer l'entrée de l'entreprise sur le terrain politico-stratégique.

Restructurations, fusions, licenciements massifs ou « décrutements », selon l'euphémisme inauguré par les agences de communication spécialisées en la matière, conflits sociaux, catastrophes écologiques (déversement de fûts toxiques dans un fleuve, naufrage d'un supertanker, accident dans des centrales nucléaires, explosion de produits chimiques), menaces terroristes, accidents et incidents de tout type, autant de sources de tensions qui exigent une réponse sans délai auxquelles la communication dite de crise tente de porter remède en proposant des techniques préventives de veille et d'observation sociale ainsi que des outils de dialogue et de négociation avec le personnel, les actionnaires, les clients, le grand public, les législateurs ou les gouvernements. Toutes ces situations limites ou « risques technologiques majeurs », selon le terme technique, ont forcé l'entreprise à penser la gestion des crises.

La crise n'est plus seulement ce moment ultrasensible où l'entreprise doit monter d'urgence sa « cellule de crise » et se mobiliser pour contrecarrer l'événement dysfonctionnel qui perturbe ses relations *intra-* ou *extra-muros*. Désormais, la crise est intériorisée et inspire une façon continue d'organiser l'entreprise et son dispositif de communication en temps « normal ».

Le modèle managérial de communication et de construction de la *corporate image* s'est imposé dans l'ensemble de la société comme seul mode de communiquer. La communication ainsi conçue est désormais considérée comme une excellente technologie de la gestion sociale. À titre d'illustration, il suffit d'évoquer l'irradiation du modèle de communication managérial vers les institutions étatiques, les collectivités territoriales et les associations humanitaires, qui ont redéfini leur rapport aux citoyens ou à la société civile en faisant appel au savoir-faire et à l'imaginaire du marketing.

5. **L'Intelligence économique.** – Le cadre mouvant et imprévisible de la globalisation des échanges a transformé le rôle du renseignement économique et de la veille technologique dans la définition de la stratégie des firmes et des acteurs publics et parapublics. La mission de la *Competitive Intelligence* est de contribuer à identifier les menaces concurrentielles extérieures. Simple indice de l'importance croissante des opérations de collecte et d'interprétation systématiques de toute donnée susceptible d'éclairer les comportements des acteurs privés et publics : la réorientation, après la chute du mur de Berlin, des organismes de renseignement gouvernementaux. Car, si les manuels d'intelligence économique la définissent comme l'ensemble des actions coordonnées de recherche, de traitement, de distribution et de protection de l'information utile aux acteurs économiques et obtenue légalement, il n'en reste pas moins que les activités clandestines fournissent souvent le précieux maillon qui permet d'interpréter le stock des « informations ouvertes » (colloques, conférences, publications, banques de données). Comme le dé-

montrent les tentatives de corruption de hauts fonctionnaires par les agents de la CIA afin de percer la stratégie française en matière de télécommunications et d'audiovisuel au moment du GATT (Accord général sur les tarifs douaniers et le commerce).

Face cachée de l'industrie du renseignement : *Échelon,* système d'écoutes de toutes les communications électroniques qui, installé en 1948 dans le plus grand secret par les États-Unis et ses quatre affiliés (Australie, Canada, Grande-Bretagne et Nouvelle-Zélande), afin de recueillir le maximum d'informations militaires sur les pays communistes, s'est reconverti après 1989 en un système d'intelligence économique global. Parmi les cibles, des entreprises mais également des organisations non gouvernementales contestataires.

6. **La légitimité de l'expertise.** – La centralité acquise par l'entreprise change le rapport de force entre la recherche à visée opérationnelle ou administrative et celle capable de prendre de la distance par rapport à son objet (sans pour autant s'isoler dans une tour d'ivoire). Là aussi, dans la captation des viviers de la matière grise restés jusqu'alors en marge de la valorisation capitalistique, se joue le sort de l'intégration. La mobilisation des énergies autour de la compétitivité précipite les lieux traditionnels de production et de diffusion de savoir comme l'université, à la rencontre des besoins des acteurs économiques. *A fortiori* dans les réalités où la classe intellectuelle s'est historiquement structurée autour de la critique des institutions sociales. Des synergies qui, hier encore, paraissaient marier l'eau et le feu se nouent, cherchant à enrôler la géographie, l'histoire, l'ethnologie, la psychanalyse, la sociologie ou la linguistique au service de l'amélioration des performances des entreprises. Le problème n'est pas tant le rapprochement que les termes de l'échange. Le risque de cette contractualisation de la recherche en sciences de l'homme est de légitimer le retour en force des multiples formes de l'empirisme. Alors que la classe des décideurs, la *World Business Class,* pense

en termes de totalité, les « intellectuels intégrés », selon l'expression mise en vogue par Umberto Eco en 1964, qui les opposait aux « intellectuels apocalytiques » ou critiques, sont rivés à des observations fonctionnelles à la demande des commanditaires, mais atomisées et décontextualisées par rapport aux enjeux de la mutation du modèle économique et social. Relayée par un vaste réseau transnational d'enseignement (public et privé) des sciences de la gestion, de best-sellers sur le *re-engineering* managérial ou la société de la troisième vague, de *workshops,* de lobbying et d'organisations corporatives, la *Global Business Community* se construit comme nouvelle élite mondiale et n'a de cesse de naturaliser des notions qui servent à tout un chacun à nommer le monde.

II. – La quête du marché unique d'images

1. **Groupes et réseaux de communication.** – La création d'un marché unique d'images est un enjeu de la quête d'une culture dite globale. À peine annoncée la mise en chantier des grands blocs commerciaux, les groupes de communication et les chaînes planétaires (tel CNN) ou régionales (pan-américaines, pan-arabes, pan-asiatiques ou paneuropéennes) ont ouvert la chasse aux « universaux culturels ». L'intégration des opérations de communication aidant, la troisième génération de réseaux publicitaires, les réseaux dits « globaux », leur a emboîté le pas, en réponse au mouvement d'interconnexion des marchés. Un des axiomes de la recherche du dénominateur commun mondial est la « convergence culturelle des consommateurs », produit des investissements distillés au fil des ans par la culture de masse dans l'imaginaire de consommateurs appartenant à des cultures diverses. « Supports naturels d'universalité », les industries culturelles des États-Unis apparaissent au seuil de ladite « ère globale » comme fixant les paramètres de la globalité.

La construction de ces groupes et réseaux globaux de communication a exigé une radicale déréglementation des paysages communicationnels nationaux, qui a atteint aussi bien les systèmes situés sous le signe du service public que ceux régis par le critère commercial. Si ces groupes et ces réseaux restent pour l'essentiel logés dans les grandes nations industrielles, d'autres acteurs ont pris place sur le marché audiovisuel. Les deux exemples classiques étant ceux du groupe brésilien Globo (qui porte bien son nom) et du groupe mexicain Televisa dont les séries et les *telenovelas* ont largement débordé le cadre de leur continent d'origine. Un peu partout dans le monde, d'ailleurs, sont apparus des marchés émergents et des marchés secondaires de l'audiovisuel.

À une première vague de concentrations par acquisitions-fusions au cours des années 1980, en a succédé une autre dans la décennie suivante, stimulée par les promesses de la numérisation symbolisée par les autoroutes de l'information. Le désir de regrouper le plus d'industries du contenu pour meubler les quelques centaines de chaînes promises à chaque pays a fomenté le rapprochement des studios et des *networks* (Disney-ABC) ainsi que la mégafusion des groupes de communication (Time-Warner-Turner). La quête de synergies industrielles a franchi un seuil en 1998 avec l'ouverture des systèmes publics de télécommunications à la logique de la concurrence, proposée et décidée fondamentalement par les grands pays industriels dans le cadre de l'Organisation mondiale du commerce (OMC). La fusion de AOL et de Time-Warner au début de l'an 2000 illustre bien ce nouveau type de lien entre les opérateurs et les producteurs de contenus. Un mariage bientôt suivi de celui de Vivendi-Universal. Ces fusions témoignent de l'accélération du processus de concentration à l'échelle planétaire dans le secteur des médias ainsi que leur financiarisation accrue. La hausse des profits n'est pas pour autant à la hauteur des promesses dont ont été investies les nouvelles technologies numériques. La crise et le démembrement du groupe Vivendi-Universal à partir de 2003 illustrent les aléas de cette course à la dimension globale.

Indice du mouvement d'intégration en cours, les néologismes apparus dans la langue technique : *advertorials* (contraction de *advertising* et *editorials*), *infomercials* (*information* et *commercials*), *infotainment* (*information* et *enter-*

tainment) et *edutainment*. Une hybridation de mots qui correspond au croisement des technologies de l'information et de la communication par la vertu de l'informatique.

2. **De la télévision sans frontières à l'exception culturelle.** – La régulation des flux de produits culturels a suscité dans l'Union européenne des ripostes institutionnelles. Motif : le déficit commercial de l'Europe audiovisuelle, devenue le marché solvable le plus important de l'industrie du cinéma, de la télévision et de la vidéo des États-Unis.

Le premier jalon d'une stratégie commune est posé en 1989. Les Douze approuvent le texte final d'une Directive sur la télévision sans frontières, mise en chantier cinq ans plus tôt. L'article 4 invite les pays membres à réserver aux productions européennes (films de fiction et documentaires) la majorité du temps d'antenne, « chaque fois que cela est réalisable ». Suit, quatre ans plus tard, un ensemble de mesures en vue de structurer à terme une industrie audiovisuelle européenne.

En 1993, le débat intracommunautaire devient mondial à l'occasion des négociations avec le GATT (Accord général sur les tarifs douaniers et le commerce). Classée par cet organisme comme « service », la communication donne lieu à un affrontement direct entre l'Union européenne et les États-Unis. La thèse dite de l'« exception culturelle » s'oppose à l'extension des règles libérales du commerce international aux productions audiovisuelles. Si les professionnels – et plus particulièrement les organisations des auteurs-réalisateurs-producteurs – ont été à l'avant-plan de la mobilisation en France contre le projet, notoire a été le positionnement des groupes de communication français d'envergure européenne ou mondiale, opposés de fait à toute politique de quotas.

L'application des règles du libre-échange proposée par le GATT supposait la suppression des différents dispositifs mis en place par l'Europe et chaque pays européen en particulier pour protéger un espace audiovisuel propre. Fonds de soutien au cinéma au niveau national comme à celui de l'Union, fixation de quotas pour la transmission de fictions d'origine européenne ou nationale à la télévision étaient dans cette optique condamnés à disparaître à terme au nom de la liberté de concurrence sur un marché libre. Le bras de fer avec le GATT s'est terminé en décembre 1993 par la reconnaissance du principe de l'exception culturelle.

L'argument de l'exception culturelle avait un précédent : lors des discussions sur l'Accord de libre-échange États-Unis-Canada, Washington avait dû concéder au gouvernement d'Ottawa le droit de protéger l'identité culturelle canadienne.

Le statut des industries culturelles ne peut cependant pas se résumer à la seule confrontation euro-américaine. Les divisions se sont creusées au sein même de l'Union, au gré des bouleversements dans la couleur politique des gouvernements. Ainsi le gouvernement de Tony Blair ne s'est guère montré plus empressé que celui de Margaret Thatcher à son égard et l'Italie de Silvio Berlusconi ne l'a guère été plus. Quant au chef du gouvernement espagnol, José Aznar, il n'a cessé de répéter jusqu'à sa chute en mars 2004 que « l'exception culturelle était le signe d'une civilisation en déclin ». L'entrée des dix nouveaux États membres a par ailleurs créé un rapport de forces plus défavorable qu'il ne l'était lors de l'adoption de la Directive « Télévision sans frontières » en 1989. Ils sont d'autant plus partisans de règles minimales que Hollywood représente chez eux 80 à 90 % des films diffusés par les télévisions tant qu'en salle.

La doctrine officielle de la France sur l'exception culturelle n'est toutefois pas exempte de contradictions quand il s'agit de l'appliquer *in domo.* D'où le cri d'alarme lancé en février 2007 par Pascale Ferran, réalisatrice de *Lady Chatterley,* couronné par quatre Césars. En apparence, avec 190 films produits en 2006 et 45 % du marché, soit un jeu égal avec le cinéma hollywoodien, le cinéma français semble se porter bien. Mais cette occupation des écrans par la production nationale est le fait de films commerciaux, des « films riches » qui, selon elle, « défont maille après maille, le goût des spectateurs ; alors même que, pendant des décennies, le public français était considéré comme le plus curieux, le plus exigeant, le plus cinéphile du monde. Ici comme ailleurs, la violence économique commence à tirer vers le bas le goût du public ». Le système de financement actuel, et en premier lieu, les chaînes de télévision y portent. Quelques films à gros budgets surnagent occupant la majorité des écrans.

3. **Les autoroutes de l'information.** – Le problème de la dépendance des industries de l'image a vite rejoint celui des nouveaux réseaux d'information et des services multimédias. Le grand chantier d'infrastructures télématiques engage, lui aussi, la souveraineté culturelle puisqu'il s'agit ni plus ni moins de développer une industrie suffisamment forte pour empêcher que les nouveaux réseaux et services n'acheminent que des logiciels fabriqués par les géants du multimédia et que ne se reproduise la situation déficitaire des industries culturelles.

En février 1993, le gouvernement du président Clinton annonce le plan Gore (du nom du vice-président d'alors Albert Gore) de construction des *superhighways* de l'information. À la fin de cette même année, le *Livre blanc* préparé par M. Jacques Delors, alors président de l'Union, donne le coup d'envoi au projet européen d'inforoutes. Croissance, compétitivité, emploi sont les trois leitmotivs de ce programme qui plaide en faveur d'une mobilisation de l'ensemble de l'appareil industriel européen. En mai 1994, un groupe composé de vingt grands industriels, présidé par le Commissaire Martin Bangemann, remet un rapport intitulé *L'Europe et la société de l'information planétaire* qui spécifie le volant stratégique et financier du projet.

En prévision des nouveaux enjeux technologiques ouverts par la démultiplication des canaux de diffusion, le *Livre blanc* a été suivi d'un *Livre vert* sur les « Options stratégiques pour le renforcement de l'industrie des programmes dans le contexte de la politique audiovisuelle de l'Union européenne ». Son but : mieux utiliser les « potentialités de la révolution numérique », en passe de transformer « le marché européen en enjeu primordial de toute lutte sur le marché mondial » ; tenter de retourner en la faveur de l'Europe ce qui jusqu'à aujourd'hui a été perçu comme un handicap : la diversité culturelle des membres de l'Union.

En février 1995, le G7, le groupe des sept pays les plus industrialisés, s'est réuni à Bruxelles pour un sommet sur la « société globale de l'information ». Invités pour la première fois dans une concertation de ce type, 45 responsables d'entreprise, américains, européens et japonais, ont mis l'accent sur la nécessité impérieuse de hâter la déréglementation des services de télécommunications et la suppression des monopoles publics afin d'accélérer le déploiement des futures artères électroniques. Les délibérations du G7 ainsi que les recommandations du rapport Bangemann concordent sur le fait que l'initiative privée doit être le « moteur de la société de l'information ».

4. **La « liberté d'expression commerciale ».** – De l'Union européenne au GATT, de l'OMC au G7. Le nouveau cadre global de la pensée managériale a fait glisser le centre de gravité des négociations internationales sur les flux des données immatérielles. Ce déplacement des lieux en cache un autre : le déplacement de la définition même de « liberté d'expression ». La liberté d'expression des citoyens est directement mise en concurrence avec la « liberté d'expression commerciale », présentée comme un nouveau « droit de l'homme ». On assiste à une tension constante entre la « souveraineté absolue du consommateur » et la volonté des citoyens garantie par les instances démocratiques. C'est autour de cette revendication de la liberté d'expression commerciale que se sont structurées, entre autres, les actions de lobbying des organisations interprofessionnelles (annonceurs, agences publicitaires et supports) dès les premières escarmouches sur la télévision sans frontières. Cette revendication, devenue un leitmotiv au fur et à mesure des débats, cherche à repousser les limites imposées par la société civile à la pénétration de la mentalité marchande dans tous les interstices de la société.

L'idée centrale est celle de la nécessité de laisser jouer la concurrence libre sur un marché libre entre individus libres de choisir. Elle s'exprime à peu près en ces termes : « Laissez les gens regarder ce qu'ils veulent. Laissez-les libres d'apprécier. Faisons confiance à leur bon sens. La seule sanction appliquée à un produit culturel doit être son échec ou son succès sur le marché. » De là à légitimer la subordination culturelle de certains peuples et cultures, ce qu'on appelait jusqu'à la fin des années 1970 l' « impérialisme culturel », il n'y a qu'un pas, d'autant plus vite franchi que cette idée fait cause commune avec une autre. La liberté d'expression commerciale, nouvel axe d'ordonnancement du monde, est, en effet, elle-même indissociable du vieux principe, qui ne souffre aucune exception, du *Free Flow of Information*. De surcroît, en recyclant ce principe, la doctrine de la globalisation relégitime au nom de la fluidité de l'ère informationnelle la conception, strictement économiste, anglo-saxonne sur les droits d'auteur qui confère automatiquement ces droits au seul producteur, et continue plus que jamais à méconnaître le bien-fondé du droit moral de l'auteur.

5. **De la démocratie à la « Global Democratic Marketplace ».** – Masquant les enjeux des luttes pour le contrôle de l'architecture et des contenus des réseaux de savoirs, les discours messianiques sur les vertus démocratiques de la technologie sont repris par la géopolitique. Le concepteur des *superhighways* de l'information, Albert Gore, retrouve les accents des prophètes qui l'ont précédé depuis la fin du XVIIIe pour exposer à la « grande famille humaine » son projet mondial de « réseau de réseaux » : la *Global Information Infrastructure*. S'adressant en mars 1994 aux délégués de l'Union internationale des télécommunications réunis en conférence plénière à Buenos Aires, le vice-président américain d'alors déclarait : « L'objectif est d'assurer un service universel qui soit accessible à tous les membres de nos sociétés et ainsi permettre une espèce de conversation globale dans laquelle chaque personne qui le veut peut dire son mot... La *Global Information Infrastructure* (GII) ne sera pas seulement une métaphore de la démocratie en fonctionnement ; elle encouragera dans la réalité le fonctionnement de la démocratie en rehaussant la participation des citoyens

à la prise de décisions. Elle favorisera la capacité des nations à coopérer entre elles. J'y vois un nouvel âge athénien de la démocratie forgée dans les forums que la GII créera. » Outil de développement et de solidarité, les réseaux exploités par les acteurs privés devraient, selon lui, permettre de résoudre les grands déséquilibres sociaux et économiques qui grèvent la planète.

La boucle est bouclée. Il y a un peu plus de deux siècles, la notion de communication est entrée en modernité par la route. L'avènement de l'âge postmoderne des réseaux immatériels et des flux intangibles s'accomplit sous le signe de la métaphore du réseau autoroutier.

6. **De l'exception culturelle à la diversité culturelle.** – Fin 1999, l'Union européenne substituait à la notion d'« exception culturelle » celle de « diversité culturelle », sous prétexte, selon certains pays membres, que la première connotait une position défensive. D'autres, en revanche, y ont vu un pas en arrière dans la reconnaissance du statut particulier de la culture face au libre-échange. Paradoxalement, ce changement sémantique n'a guère empêché l'idée d'exception d'essaimer sous d'autres latitudes. Et ce, malgré le lobbying intensif pratiqué par la diplomatie américaine et la MPA (Motion Picture Association of America), qui défend les intérêts des majors de l'industrie cinématographique, auprès des pays extérieurs à l'Union, tentés d'adhérer au principe de l'exception. Comme c'est le cas en particulier des pressions sur des gouvernements comme ceux du Chili, de Corée du Sud, du Maroc ou des anciens pays communistes, afin, dans le cadre d'accords bilatéraux, de les faire renoncer à leur droit de mettre en place des politiques cinématographiques en échange de compensations dans d'autres secteurs.

Sans reprendre l'expression « exception culturelle », l'Unesco a, en réalité, fait sienne la philosophie de la culture qui la légitime en faisant adopter, en 2001, une Déclaration universelle sur la diversité culturelle en tant que « patrimoine commun de l'humanité » et, en 2005, une convention sur la protection et promotion de la diversité des expressions culturelles. Cette convention à portée supranationale reconnaît la « nature spécifique des activités, des biens et des services culturels » et légitime le principe des politiques culturelles. Le champ d'application de cet instrument juridique déborde largement le strict domaine des biens et services audiovisuels puisqu'il s'étend à la « multiplicité des formes par lesquelles les cultures des groupes et des sociétés trouvent leur expression ». Il couvre les formes qui concernent aussi bien les politiques de la langue, les politiques de soutien à l'artisanat, aux arts plastiques que la valorisation des systèmes de connaissance des peuples autochtones ou les mesures en faveur des cultures minoritaires. Cette convention a été votée à la quasi-unanimité. Seuls les États-Unis et Israël s'y sont opposés. La phase d'élaboration du texte a, d'ailleurs, vu resurgir, chez les représentants des États-Unis, les mêmes argumentaires sur le *Free Flow of Information* qui ont motivé à la fin des années 1970 leur refus de débattre du rééquilibrage des flux culturels et d'information mondiaux, et, au bout du compte, leur sortie de l'Unesco. Une absence qui aura duré dix-sept ans puisque ce n'est qu'en 2002 qu'ils ont décidé de revenir y siéger.

La mobilisation en faveur de l'exception dans l'Union européenne, puis de la diversité au niveau planétaire, s'est avérée un banc d'essai pour la constitution de réseaux de soutien réunissant les représentants des milieux artistiques et culturels. Ont ainsi vu le jour dès 1987 les États généraux de la culture en France, pour le premier cas, et, pour l'autre, en 2001, une Coalition internationale des organisations professionnelles de la culture, à l'initiative du Canada, et plus particulièrement du Québec, formée de coalitions nationales.

III. – De la guerre globale

1. La première guerre du Golfe. – La concurrence économique a fait fleurir au cours des années 1980 les métaphores guerrières. Plus d'un traité de management global a tiré explicitement des œuvres de Sun Tse et de Carl von Clausewitz des enseignements pour affronter la « guerre économique ». Tout en ramenant à leurs justes proportions ces discours marchands, le choc des armées lors de la première guerre du Golfe (1990-1991) a permis de mieux mesurer la pérennité des logiques militaires dans un paysage communicationnel que la décennie précédente avait incité à penser en termes exclusifs de géo-économie. Ce qui s'est passé dans cette situation-limite a levé le voile sur les zones d'opacité des systèmes d'information qu'on a tendance à oublier en temps de paix, aidé en cela par l'idéologie de la transparence dont se réclame la nouvelle « société de communication ».

Guerre de communication, la première guerre du Golfe l'est à un double titre. Elle l'est d'abord de par les stratégies d'information et de censure du Pentagone (mise en place de pools de journalistes triés sur le volet qui sortaient sur le terrain accompagnés par un officier – baptisé *Public Affairs Officer* – qui choisissait et préparait les troupes à interviewer, contrôlait les tournages télévisuels, examinait les photos et revisait les reportages écrits, n'hésitant pas à supprimer au besoin toute information jugée « sensible » et à changer sa rédaction). La guerre du Golfe, et plus spécialement l'opération *Desert Storm* déclenchée le 17 janvier 1991, constitue en quelque sorte la revanche des états-majors. Les experts en guerre psychologique ont tiré les leçons de la guerre du Vietnam. En 1982, lors de la guerre des Malouines, l'armée britannique avait fait de même en décrétant l'embargo sur l'information. En 1983, lors de l'invasion de l'île de la Grenade par les *Marines,* le Pentagone avait également bouclé le théâtre des opérations.

Cette guerre du Golfe est aussi la guerre des technologies d'information et de communication, des « armements intelligents ». Sur le terrain, derrière les « frappes chirurgicales », se découvrent les missiles pilotés par leurs propres ordinateurs de bord, les satellites de reconnaissance, les systèmes de commandement relayés dans tous les appareils de combat et jusque dans les armes elles-mêmes et les réseaux neuronaux. En outre, à l'arrière, à travers sa logistique de l'intendance, la guerre du Golfe est le premier conflit d'envergure à se gérer en « flux tendus », en empruntant les méthodes de gestion des flux mises au point par les constructeurs automobiles nippons. Dans la pratique du « flux tendu », le producteur ne stocke pas ou stocke peu ce qu'il n'est pas assuré d'écouler ; il fabrique, dans la mesure du possible, uniquement s'il y a commande. L'informatique permet de transmettre instantanément la commande du distributeur au producteur, voire de la répercuter directement en amont à l'éventuel sous-traitant.

La guerre change de nature. C'est une guerre « globale », selon l'expression de Paul Virilio, non tant par la portée transhorizon et le long rayon d'action des engins, mais par le transfert des responsabilités à la programmation industrielle et économique : *Shoot and forget* (« Tire et oublie »).

2. **La guerre contre le terrorisme.** – La guerre du Kosovo en 1999 a semblé encore donner raison au mythe de la *cyberwar* comme la « guerre zéro mort » (dans ses propres rangs), déclinaison de la doctrine de la « révolution dans les affaires militaires » dont se targuaient les stratèges du Pentagone. L'attentat du 11 septembre 2001 et les croisades entreprises au nom de l'éradication du terrorisme ont bousculé nombre de croyances, que ce soit sur la guerre ou sur la culture et la communication. Les dispositifs informationnels sophistiqués de télésurveillance ont montré leurs limites. Le tout technologique n'a pas permis d'anticiper les actions du nouvel ennemi invisible. La guerre d'Irak, quant à elle, a définitivement fait chavirer l'idée de guerre aseptisée, et ramené à la mémoire l'image de la guerre sale des temps coloniaux. Elle a affiché au grand jour la méconnaissance, voire le mépris, de la part des centurions, à l'égard des contextes culturels. Enfin, les stratégies de manipulation des opinons publiques ont porté un sérieux coup à la crédibilité même des médias engagés, à des degrés divers, dans le camp de la guerre et relayant sans coup férir les mensonges des gouvernements de la coalition aux fins de légitimation de l'intervention. L'image d'une Amérique porteuse des valeurs d'un nouvel universalisme s'est fissurée. D'autant plus que, à la différence de la première guerre du Golfe, des chaînes régionales arabes, dont Al-Jazira, ont donné un autre son de cloche que la chaîne CNN, emblème de la télévision planétaire.

Chapitre VII

LA FRACTURE : POUR UNE CRITIQUE DU GLOBALISME

« Mal nommer les choses, c'est ajouter au malheur du monde », disait Albert Camus. La globalisation est un de ces mots piégés qui fait partie des notions instrumentales qui, sous l'effet des logiques marchandes et à l'insu des citoyens, se sont naturalisées au point de devenir indispensables pour établir la communication entre ressortissants de cultures fort différentes. Ce langage fonctionnel constitue un prêt-à-porter idéologique qui dissimule les désordres du nouvel ordre mondial. Aussi le temps est venu de départager ce qui revient à la mythologie globaliste et ce qui incombe à la réalité concrète dans ce moment de l'intégration internationale. Contrastant avec la vision économiste d'un monde cohésionné par le libre-échange, apparaît la fracture entre des systèmes sociaux spécifiques et un champ économique en voie d'unification, entre des cultures singulières et les forces centralisantes de la « culture globale ».

I. – Une nouvelle carte des inégalités

1. **La « communication-monde » : le tropisme des flux globaux.** – L'intégration des économies et des systèmes de communication entraîne la création de nouvelles disparités entre les pays ou régions, et entre les groupes sociaux. C'est de ces logiques d'exclusion qu'entend rendre compte le concept de « communication-monde ». À l'inverse de ce que donne à croire la représentation égalitariste et globaliste de la planète, il permet d'analyser le système en voie de mondialisation sans le fétichiser, c'est-à-dire en lui restituant

sa concrétude historique. Il reconnecte avec l'histoire des échanges mondiaux dans leurs dénivellations. Tributaire de l'idée forgée par Fernand Braudel d'« économie-monde », il rappelle que les réseaux, imbriqués qu'ils sont dans la division internationale du travail, hiérarchisent l'espace et conduisent à une polarisation toujours plus grande entre le(s) centre(s) et le(s) périphérie(s).

Quatre changements majeurs ont contribué à la redistribution des clivages de l'espace mondial : l'installation des États-Unis en tant que « superpuissance solitaire » (*lonely superpower,* selon l'expression de Samuel Huntington), qui n'a de cesse de promouvoir son archétype de « société globale » ; l'édification des grands blocs de libre-échange économique autour du « pouvoir de la triade » (Amérique du Nord, Asie orientale et Union européenne) ; la partition entre les pays économiquement émergents (avec la montée en puissance de la Chine et de l'Inde) et les plus pauvres ; le retrait du « Tiers Monde » comme sujet de l'histoire, même si l'on assiste à des tentatives des grands pays émergents du Sud visant à former un front uni pour contrebalancer l'hégémonie des puissances industrielles. Mais, si la ligne de partage Nord/Sud ne suffit plus pour saisir le sens de la planète, les inégalités structurelles épinglées dans les décennies précédentes ne se sont pas pour autant évaporées. Ce qui a troublé la représentation manichéenne du monde, c'est que le Nord a découvert sur son propre territoire des Suds, et que, au cœur même du Sud, ont émergé des Nords qui ont leurs Suds.

Partout, de nouvelles formes de concurrence opposent les territoires entre eux et produisent des usages différenciés de ceux-ci. Dans l'organisation de l'espace économique et la lutte pour l'utilisation optimale des différents territoires, deux tendances contradictoires sont à l'œuvre : d'une part, un processus de délocalisation/relocalisation en direction des zones à faible coût de main-d'œuvre (processus à rotation relativement rapide) ; de l'autre, un processus de métropolisation ou de concentration des implantations sur des territoires-innovateurs, aux compétences diversifiées et à haute densité technologique. Aux économies d'échelle ou de gains de productivité liées à la taille de la firme, aux économies d'envergure qui tirent profit de la diversité de ses activités, s'ajoutent les économies d'agglomération. Le rassemblement autour de pôles et l'organisation de l'économie mondiale en réseaux de pôle à pôle, au détriment des espaces intermédiaires moins bien dotés et donc exposés à la marginalisation et à la désertification, sont porteurs d'un risque de dualisation de l'économie mondiale et d'une géographie sociale à deux vitesses. C'est l'« économie d'archipel » ou le « techno-apartheid global ». Aux quatre points cardinaux de la planète, à des degrés certes divers selon les pays et les continents, ces méga-villes-régions, lieux nodaux des marchés et des réseaux mondiaux, engendrent des tropismes qui s'inscrivent sur la carte des lignes et des flux de télécommunication. La densité en matière de technologies d'information et de communication dans le pôle centré sur São Paulo au Brésil est proche de celle du « triangle d'or » européen et se situe à des années-lumière de celle de Recife. Même si la mégalopole São Paulo a aussi sa propre périphérie urbaine caractérisée par la « ruralisation », phénomène typique des grandes villes latino-américaines.

Des constats de ce genre sont à la base des géostratégies de segmentation ou de création de « communautés de consommation » *(consumption communities)* du marketing. Estimant que les variables de styles et de niveaux de vie sont plus importantes que la proximité géographique et l'appartenance à une tradition nationale, l'industrie publicitaire cherche à construire de vastes communautés transnationales de consommateurs partageant les mêmes « sociostyles », les mêmes formes de consommation et de pratiques culturelles. En quelque sorte, ces typologies de cibles saute-frontières ne font qu'entériner un déséquilibre structurel : la prolifération des symboles ubiquitaires de la « culture globale » et l'amenuisement de la proportion des bénéficiaires réels des marchandises et du mode de vie que ses divers supports font miroiter.

La reproduction des tendances lourdes à la ségrégation entre les ensembles *data rich* et les autres, *data poor,* est un risque pointé jusque dans les documents les plus officiels depuis l'entrée dans le siècle et concerne aussi bien la connexion à l'infrastructure mondiale d'information que l'élaboration de banques de données propres. Le décalage est tel que le G7, qui l'avait ignoré lors du sommet de 1995 sur la société globale de l'information, a rectifié le tir cinq ans plus tard en incluant, lors de son sommet d'Okinawa, la notion de « fracture numérique » dans sa « Charte sur la société globale de l'information ». Et ce n'est que depuis 2001 que l'OCDE mesure statistiquement cette fracture. Enfin, l'Union internationale des télécommunications (IUT) a convoqué à deux reprises un « Sommet mondial de la société de l'information », afin de formuler un plan d'action pour la réduire. L'un s'est tenu à Genève fin 2003. L'autre à Tunis fin 2005.

2. **Les réseaux parasitaires.** – Les géopoliticiens les appellent les « nouveaux fronts planétaires du désordre », les « espaces de l'ombre », les « anti-mondes ». Fronts de l'environnement, circuits de l'économie souterraine ou informelle, réseaux mafieux et trafics illicites (des narcotiques aux enfants en passant par la contrebande électronique et la contrefaçon), fronts de l'intégrisme, fronts des sectes, flux transnationaux des diasporas et des courants migratoires du travail, régulier et clandestin, vers les pays et régions nanties, fronts des nouveaux fléaux, etc. Ces fronts dissonants et ces univers parallèles constituent un révélateur des crises, des conflits et des déséquilibres qui affectent nos sociétés en mutation, et les font jongler avec le risque permanent du collapse, de la catastrophe. Quelques cas de figure suffisent à suggérer l'ampleur des manifestations de ces fronts éclatés du désordre mondial.

– Les spécialistes du virtuel estiment que l'économie en voie de dématérialisation et la généralisation des cyberentreprises, délocalisées, virtualisées, échappant au contrôle fiscal et social d'États-nations habitués à gérer un territoire « réel », favorisent l'émergence de « paradis fiscaux virtuels », de « loteries virtuelles » et de « cyber-casinos ». L'extraterritorialité ouvre également de nouvelles filières au blanchiment de l'argent.

– Les capteurs satellitaires, les radars fixes et mobiles, les moniteurs, les récepteurs de positionnement et les avions de surveillance à la base du système de veille écologique (Sivam) mis en place par le Brésil dans la région amazonique ne sont pas seulement destinés à préserver l'équilibre du « poumon de la planète » et la bio-diversité. La fonction de ce dispositif complexe est aussi de détecter les mouvements irréguliers du trafic aérien et de prévenir les délits comme le narcotrafic et la contrebande.

– En prohibant les antennes paraboliques individuelles, les gouvernements saoudien et iranien et autres régimes autoritaires ont cherché à mettre leurs citoyens à l'abri de toute expression culturelle allant à l'encontre du message des Mollahs. Mais les antennes paraboliques de la débrouillardise ont, à Téhéran et dans les autres grandes villes de la République islamique, eu raison des interdits des ayatollahs. En Europe, la forte adhésion des communautés diasporiques aux antennes fait craindre aux autorités le déversement d'une propagande islamiste incontrôlable.

– Les phénomènes croissants d'exclusion et la montée de la violence des laissés-pour-compte tendent à imposer à toutes les échelles, individuelle ou collective, nationale ou internationale, l'impératif de sécurité. L'essor du marché de l'électronique de la protection individuelle ou familiale en est sans doute l'indice le plus flagrant.

Dès la chute du mur de Berlin, la doctrine stratégique américaine a identifié sous le terme *netwar* les risques qu'étaient censés représenter les nouveaux ennemis de l'ordre mondial faisant un usage stratégique des réseaux. Ils y classaient, pêle-mêle, aussi bien les cartels de la drogue que les groupes fondamentalistes, les hackers ou les mouvements dits activistes. Avec les attentats du 11 septembre 2001 et le saut effectué dans la *global war* contre les réseaux terroristes, le mot d'ordre de la sécurisation s'est mué en obsession sécuritaire. Sur le territoire américain, des législations comme le *Patriot Act* autorisent désormais les écoutes téléphoniques et les perquisitions d'ordinateurs tandis que fleurissent les projets de croisement des multiples fichiers sur les individus et collectifs dans les banques de données. Au niveau mondial, une des illustrations du renforcement de cette logique de la surveillance est l'accord, arraché en mai 2004 sous la pression de Washington à l'endroit des compagnies aériennes, entre l'Union européenne et les États-Unis sur le transfert des données personnelles des passagers en partance vers les grandes villes américaines. Et ce, en violation de la directive européenne sur la protection des données personnelles.

II. – Les frontières de la monoculture

1. **Éviter le manichéisme ?** – Un dilemme a progressivement imprégné les réflexions sur l'avenir culturel de la planète, sous la poussée des universaux symboliques de la consommation de masse et des réseaux en temps réel. D'aucuns estiment que l'instauration d'un McMonde est inévitable, la monoculture étant la rançon du libre-échange et de la formation des grands blocs économiques. D'autres pensent, au contraire, que l'homogénéisation n'est pas à l'ordre du jour dans un monde déchiré par les fractures sociales et économiques, par les crispations nationalistes. Pour ceux-là, c'est plutôt le Jihad qui s'est converti en symbole de l'état de la planète.

Dans quelle mesure ces figures écartelées entre deux extrêmes rendent-elles compte de la complexité du devenir de la culture, des cultures ? Comment situer cette phase historique de l'évolution de nos sociétés sans tomber dans les facilités et les pièges des mots-valises, déclinaisons successives des notions d'homogénéisation, de standardisation et de massification, qui n'ont cessé de proliférer ?

2. **Les vicissitudes du « village global ».** – L'histoire s'est chargée de souligner en de nombreuses occasions les failles des représentations axées sur le « village global » qui ont alimenté l'imaginaire du grand public sur l'avenir de la communauté humaine et qui, dans la *Realpolitik* des entreprises, ont surtout constitué un vivier inépuisable pour légitimer les grandes sagas de la conquête du marché mondial.

S'il est certain que le poids acquis par le dispositif médiatique a changé radicalement les façons de faire la guerre et de la mettre en scène, les transmissions des conflits en mondovision n'ont certainement pas contribué à abattre le mur entre les militaires et les civils. Les médias globaux n'ont pas non plus aidé les pays en voie de développement à « rattraper leur retard » comme l'espérait McLuhan dans les années 1960, par rapport au peloton de tête du monde industriel.

De la Bosnie à la Tchétchénie en passant par le Libéria, le Darfour ou l'Irak, l'accoutumance aux images-chocs de la barbarie humaine a émoussé l'attention des audiences. L'humanité attend toujours l'accomplissement des prophéties de Jack London sur la révolution pacifiste par l'image animée. Et, pourtant, malgré l'accumulation des démentis que leur inflige l'histoire, les prophéties globalitaires reviennent à intervalles réguliers.

La multiplication des *global events* – ces événements cathartiques qui rassemblent autour des mêmes nouvelles, reportages et programmes, les publics nationaux et locaux les plus divers – ne s'est pas révélée forcément créatrice de plus de « communauté mondiale ». On serait plutôt porté à penser l'inverse lorsqu'on écoute les commentaires des journalistes des diverses nations lors des grands rendez-vous planétaires du sport : ils nous éloignent à grands pas du mythe du village global pour nous brancher sur les enclos du chauvinisme. Ce qui est d'autant plus préoccupant que la façon dont sont présentées les compétitions sportives sert de plus en plus souvent de référence, de modèle, au traitement des informations sur les conflits.

Seules des catastrophes naturelles d'apocalypse comme le raz de marée ravageant plusieurs pays d'Asie fin 2004 arrivent à faire converger les images en direct et un élan de générosité publique sans précédent en Occident. Le rappel brutal de la précarité de la condition humaine et la compassion solidaire tout autant que la médiation de la présence des flux massifs de touristes occidentaux dans la région et les arrière-pensées politiques de l'invocation aux valeurs de l'universalisme s'entremêlent pour tisser le récit sur l'événement global. Les surenchères médiatiques, en ces périodes tragiques, sur la « grande famille humaine », vieux mythe unanimiste fustigé par Roland Barthes dans ses *Mythologies* (1957) au motif qu'il installe une « parole dépolitisée », vidant les processus sociaux de leur réel, les privant de leur histoire, les domestiquant en les incorporant à la « nature des choses », tranchent avec la parcimonie avec laquelle les journaux télévisés montrent les fractures du monde et, plus généralement, traitent de l' « international » en temps de routine.

Avec la chute du mur de Berlin, la croyance en la « fin des idéologies » s'était refait une jeunesse, car elle érigeait la globalisation de la culture de masse en passage obligé vers la démocratisation. Francis Fukuyama la recyclait sous la forme du mythe de la « fin de l'histoire » au terme de l'année 1989. Le fait de l'ubiquité des produits culturels américains était pour ce directeur adjoint de la cellule stratégique du Département d'État un signe irréfutable de l'homogénéisation démocratique du monde par le marché sous les auspices du nouveau libéralisme, caution d'un nouvel universalisme des valeurs. Or, depuis l'entrée dans le IIIe millénaire, les « murs » et les « barrières » de la défiance à l'égard de l' « autre », truffés de capteurs et de caméras de vidéosurveillance, se sont multipliés de par le monde.

3. **L'hybridation ou la modernité en question.** – Depuis qu'a débuté l'histoire des échanges du monde, les modèles culturels et institutionnels véhiculés par les puissances hégémoniques ont rencontré des peuples et des cultures qui ont résisté à l'annexion, ont été contaminés, se sont mimétisés ou ont disparu. Dans ces creusets culturels, sont nés les syncrétismes. Cette reterritorialisation est un élément central du métissage et de la volonté baroque.

Les années 1980, qui ont vu fleurir les doctrines de la globalisation financière et de la standardisation culturelle, ont également connu un mouvement de pensée qui met l'accent sur les décalages entre les forces centripètes et agglomérantes de la logique marchande et la pluralité des cultures, et conçoit la fragmentation et la globalisation comme un couple en tension où se joue la décomposition/recomposition des identités sociales et culturelles. De nouvelles questions se posent : Comment les branchements sur des réseaux planétaires acquièrent-ils un sens pour les différentes communautés ? Comment y résistent-elles, s'y adaptent-elles, y succombent-elles ? De nouveaux regards sur les liens qui se tissent entre le « global » et le « local » ont donc émergé qui rompent avec l'idée de la fatalité de la monoculture.

Des anthropologues issus du Tiers Monde ont entrepris la critique du discours consacré sur le rapport entre les flux culturels transfrontières et les cultures singulières. Pour eux, l'intensification de la circulation des flux culturels, l'existence bien réelle d'une tendance à la globalisation de la culture ne conduisent pas à l'homogénéisation de la planète, mais vers un monde de plus en plus métissé. Les notions d'hybridation et de métissage rendent compte de ces combinaisons et de ces recyclages des flux culturels transnationaux par les cultures locales.

Ces anthropologues se risquent même à parler de « modernité alternative » et d' « explosion de modernités culturelles » qui, de Bombay, Tokyo, Rio de Janeiro ou de Hong Kong comme de Los Angeles, New York, Londres et Paris, émergent et témoignent de la multiplicité des voies d'accès des diverses idiosyncraties aux nouvelles formes du cosmopolitisme. Démystifiant la notion de modernisation comme projection univoque de l'expérience euro-américaine qui a régi sans partage les références sur le clivage développement/sous-développement jusque vers les années 1970, les nouveaux concepts entendent montrer que loin de disparaître de la carte du monde les cultures locales se reformulent, en procédant à un alliage du « moderne » et de la « tradition », et élaborent ainsi les bases de leurs propres industries culturelles et de leur propre champ de création artistique. Le démontrent avec éloquence des phénomènes aussi divers que la percée de l'industrie télévisuelle brésilienne sur le marché mondial et la vitalité dont fait preuve la création artistique en Afrique dans le domaine de la danse, de la musique et chez les stylistes de l'art vestimentaire. La rapidité de l'adaptation des pays asiatiques et latino-américains aux technologies numériques et le profit qu'ils en tirent d'une part à des fins de performance sur le marché mondial et d'autre part pour la mise en réseau de projets sociaux ou de recherche scientifique est un indice qui trouble l'image univoque de cette partie majoritaire du monde. Mais, et on ne peut guère le nier, ces nouvelles sources de modernité coexistent – endroit et envers d'une même réalité – avec un processus galopant d'appauvrissement et d'exclusion d'amples couches de la population. Les nouvelles hypothèses sur les rapports interculturels indiquent qu'a commencé, un peu partout dans le monde, un processus de revalorisation des cultures particulières, condition préalable à l'invention d'un modèle économique et social moins soumis aux seuls impératifs dictés par les marchés extérieurs.

4. **Une anthropologie de la contemporanéité.** – La crise de l'idéologie du progrès/modernité hante les travaux des anthropologues des grandes sociétés industrielles. Le regard sur l'autre a changé. Car la crise du sens social (les significations instituées et symbolisées du rapport à autrui) s'est généralisée à l'ensemble de la planète. Tout individu a pris conscience d'appartenir à cette dernière. Tous sont contemporains mais au sein d'une pluralité. Comment penser ensemble cette unité de la planète et cette diversité des mondes qui la constituent ? Telle est la question qui sous-tend le nouveau regard anthropologique sur la complexité du monde. S'éloignant des sociétés et des cultures lointaines, « exotiques », objets d'études de l'anthropologie sociale classique, l'intérêt s'est déplacé vers la recherche de l'actuelle contemporanéité, en réponse à l'accélération de l'histoire et aux changements d'échelle, au rétrécissement de la planète et à l'individualisation des destins et des références. Citons Marc Augé dont la trajectoire de recherches – de l'ethnologie des sociétés africaines à l'ethnologie d'Euro-Disney, du métro ou des mégalopoles – est représentative de cette démarche qui prend acte des « modalités nouvelles de symbolisation à l'œuvre dans l'ensemble planétaire » : « Ces modalités font intervenir les réseaux d'information qui sont les instruments par excellence des

dispositifs rituels élargis, les élaborations particulières des individus plus ou moins intégrés à ces réseaux, et tout un ensemble d'institutions officielles et officieuses qui s'efforcent chacune pour leur part de construire des significations de *compromis* entre les réseaux et les individus. De ce point de vue, un prophète-guérisseur africain, un groupe d'architectes travaillant à un projet d'aménagement ou une équipe médicale s'interrogeant sur la forme de son intervention dans tel ou tel milieu constituent des réalités de même nature. » Et de conclure ainsi son plaidoyer *Pour une anthropologie des mondes contemporains* (1994) : « S'adapter au changement d'échelle, ce n'est pas cesser de privilégier l'observation de petites unités mais prendre en considération les mondes qui les traversent, les débordent et, ce faisant, ne cessent de les constituer et de les reconstituer. »

L'anthropologue propose deux couples de notions pour décrire les espaces et le monde contemporains : le couple lieu/non-lieu et le couple modernité/surmodernité. Le lieu est triplement symbolique : identitaire, relationnel et historique. Il symbolise le rapport de chacun de ses occupants à lui-même, aux autres occupants et à leur histoire commune. La multiplication de « non-lieux » est une caractéristique du monde contemporain : espaces de circulation (autoroutes, voies aériennes), de la consommation (hypermarchés) et de la communication (téléphone, fax, télévision, réseaux). Dans ces non-lieux, on coexiste, on cohabite sans vivre ensemble. Le statut du consommateur ou de passager solitaire passe par une relation contractuelle avec la société. Ces non-lieux empiriques qui engendrent des attitudes d'esprit et des types de rapports au monde appartiennent à la « surmodernité », définie par contraste avec la modernité. Parce qu'elle se présente comme un « point central, nœud de relations, d'émissions et de réceptions dans le vaste réseau que constitue aujourd'hui la planète », la grande métropole actuelle est au carrefour des lieux de la modernité et des non-lieux de la surmodernité.

5. **La théorie à l'épreuve du libre-échangisme.** – L'intérêt porté à la singularité des cultures a également induit de

nouvelles manières d'envisager les processus de réception individuelle et collective des marchandises culturelles transnationales dans les divers milieux qui les consomment. La réception de produits emblématiques de la globalisation médiatique comme les séries de télévision à succès planétaire en provenance des États-Unis a ainsi fait l'objet d'une attention particulière. Aux théories d'inspiration behavioriste sur les « effets » univoques des programmes de télévision, se sont substituées d'autres explications qui redécouvrent les médiations dans la construction du sens et mettent en évidence les lectures différentielles selon l'appartenance du destinataire à telle ou telle culture.

La reconnaissance qui tend à se généraliser des « milieux » et des « médiations » est à l'origine d'un renouvellement des regards théoriques en ce qui concerne l'analyse des rapports entre les cultures. Mais d'aucuns se saisissent de cette ouverture pour décréter la fin des rapports d'assujettissement de certaines cultures vis-à-vis d'autres et saluer l'avènement d'un consommateur souverain, naviguant dans l'univers de la culture globale sans autre limite que son libre arbitre. Expulsés du champ de l'analyse culturelle les rapports de force et les déterminations socio-économiques, s'évanouit alors toute possibilité d'intelligence politique du monde et prend place l'hyper-relativisme culturel. On fait ainsi jouer aux nouveaux concepts le rôle de paravent en les associant à toutes sortes de compromissions et compromis avec l'ordre social et productif. Donc si l'on veut conserver à ces nouveaux outils conceptuels leur force heuristique, il convient de les manier avec la vigilance épistémologique que requiert une période où l'esprit du temps libre-échangiste a réussi à imprégner l'ensemble du champ des sciences sociales. L'interrogation critique de la part de certains ethnologues face à l'utilisation opératoire que l'on peut faire de leurs approches de la contemporanéité est là pour rappeler le statut ambigu de ces changements d'optique dans l'analyse du quotidien, des usages et des usagers des « lieux » et des « non-lieux ».

Car l'emphase mise sur les médiations et les interactions ne doit pas faire oublier le fait que l'universalisation contemporaine d'un système productif et techno-scientifique reste, plus que jamais, marquée par l'inégalité des échanges. En outre, il faut s'empresser de dire que le mouvement puissant qui pousse les peuples et les nations à se réapproprier leur histoire et leur culture est très ambivalent. Ce mouvement peut en effet conduire aux tentations extrêmes de la fermeture sur sa propre identité : le retour au tribalisme, à la pureté des identités ethnoculturelles et aux expressions multiples de l'intolérance envers l'étranger. Toutes ces formes radicales de l'exclusion de l'Autre ne peuvent-elles pas aussi être interprétées comme des ripostes confuses aux exclusions inhérentes aux logiques ségrégatives de la globalisation de l'économie ?

6. **Une guerre entre civilisations ?** – Aucune partie du monde n'est à l'abri de la tentation ethnoculturelle que, subtilement ou brutalement, la crise installe dans les pratiques et les théories. De nouvelles visions manichéennes de la planète se constituent à la faveur de la fin de la guerre froide, à partir de l'idée de « civilisation », interprétée comme communauté d'histoire, de langue, de culture, de tradition, et surtout, de religion. Elles introduisent l'idée qu'il est nécessaire d'élever des « forteresses » pour se défendre de l'Autre. On en perçoit les retombées dans les dérives d'une certaine pensée géopolitique qui, extrapolant les leçons de conflits locaux comportant une importante dimension culturelle, à l'image des guerres de Bosnie et du Caucase, fait du sentiment d'appartenance à une civilisation le principal mobile des guerres du troisième millénaire. Tel est l'argument que développe Samuel P. Huntington qui estime que la guerre n'aura dorénavant plus pour origine l'économie et l'idéologie, mais la défense des « frontières civilisationnelles ». Sept ou huit civilisations majeures vont s'affronter dans l'avenir : à savoir, les « civilisations occidentale, confucéenne, japonaise, islamique, hindouiste, slave-orthodoxe, latino-américaine et, peut-être africaine ». En focalisant sur les « frontières sanglantes de l'Islam », en voyant dans l'alliance entre la civilisation islamique et la confucéenne la naissance de pôles « potentiellement hostiles

à l'Ouest », « défiant la puissance et les valeurs de l'Occident », Huntington désigne le « nouvel ennemi global » et exhorte les pays intégrant la « civilisation occidentale » à en tirer les conséquences pour leur propre sécurité. La « politique globale » se doit non seulement de resserrer les liens entre les pays et les groupes qui défendent les mêmes valeurs et intérêts mais de renforcer le « maintien de la supériorité militaire américaine en Asie de l'Est et du Sud-Ouest ».

Cette prospective culturaliste et sécuritaire non seulement exonère les sources structurelles d'exclusion économique et sociale dans le monde, mais gomme le fait que la menace à l'ère de l'accentuation des pressions internationales sur les réalités locales et nationales ne vient pas tant d'une guerre civile entre les civilisations que de l'affrontement à l'intérieur même de chaque culture, lieu nodal où se joue en définitive le sort de la dialectique mondialisation/fragmentation.

La thèse manichéenne du « choc des civilisations », après les événements du 11 Septembre, n'a pas été la dernière à nourrir, à son insu, les représentations xénophobes à l'encontre des communautés arabo-musulmanes.

III. – Le mouvement social

1. **Poches de résistance.** – Sous toutes les latitudes, la référence à la mondialisation a commencé à interpeller, à partir des années 1990, de plus en plus de citoyens. Seule une vision médiacentrique de la société peut faire accroire que le branchement sur l'horizon planétaire se résume à l'exposition accrue à des marques, des informations, des programmes et des serveurs transfrontières. La connexion au monde est aussi et surtout de l'ordre du vécu. Elle se fait au travers des retombées de la mutation du modèle économique et social que suppose l'intégration de chaque société particulière à l'espace mondial. Ce bouleversement structurel est d'autant plus intériorisé par les individus qu'il les affecte directement dans leur droit au travail, leur prévention sociale et leur droit à bénéficier de services publics. Dans les grands pays industriels, de plus en plus de gens établissent une cor-

respondance entre leur situation et les délocalisations industrielles, la concurrence internationale, ladite contrainte financière. Dans les autres, souvent depuis plus longtemps, nombre de pays ont découvert les lois de l'économie mondiale à travers les politiques d'austérité et de libéralisation des secteurs stratégiques de l'économie nationale, imposées par les programmes de « stabilisation macro-économique » et d' « ajustement structurel » parrainés par les institutions financières supranationales, comme condition au rééchelonnement de leur dette extérieure. Ces réformes cherchent à vider les sociétés nationales de leur contenu en proposant de nouveaux modèles « standards » d'institutions (éducatives, communicationnelles, sanitaires, urbaines, etc.), conformes à la logique de la fluidité marchande de la globalisation. Face au projet d'économie généralisée, quelques signes avant-coureurs de révolte.

– En pillant sporadiquement les temples de la consommation, les laissés-pour-compte de la globalisation qui, dans les grandes villes d'Amérique latine, sont pleinement intégrés aux signes de l'univers consommatoire sans avoir accès à ses produits, ripostent de façon sauvage à un capitalisme qui prend lui-même des formes de plus en plus dévastatrices. Point d'orgue de l'implosion sociale : l'Argentine où, fin 2001, les classes moyennes paupérisées et les secteurs populaires ont barré les routes, envahi les rues, imposé aux médias un nouvel ordre du jour et fait chuter le président. Tous ces « non-lieux » que sont les routes et les hypermarchés sont devenus des « lieux ».

– Rompant avec les méthodes des mouvements révolutionnaires des années 1960, la guérilla de l'État du Chiapas a ouvert au Mexique un nouvel espace de discussions sur l'avenir de l'identité nationale à l'ère de la constitution de l'immense zone de libre-échange avec les États-Unis et le Canada. On a pu parler à ce propos de première rébellion armée alliant habilement une stratégie de communication nationale, en phase avec le haut degré d' « alphabétisation médiatique » de la société mexicaine, et le branchement transfrontières sur les réseaux Internet. Cette rébellion est d'autant plus emblématique que le Mexique a longtemps été célébré comme le meilleur élève de la Banque mondiale, avant que n'éclate une crise financière qui a précipité le pays au bord de l'explosion sociale. Projetée sur la scène internationale dès 1994, cette rébellion est devenue le symbole d'un mode de résistance au modèle néo-libéral. Elle est une de ces « poches de résistance » dont parle le sous-commandant Marcos, ces noyaux rebelles que les exclus de la modernité, les « jetables », forment à travers la planète.

– En France, les manifestations d'un mouvement de grève tenace qui a mobilisé, à la fin 1995, les travailleurs des divers services publics (transports, Postes et télécommunications, gaz et électricité, enseignement, hôpitaux) ont été interprétées comme la première révolte d'un pays du G7 contre une mondialisation téléguidée par les marchés financiers. Comme l'écrivait à chaud dans le journal *Le Figaro* du 15 décembre, l'historien britannique Theodore Zeldin : « Ce qui se passe en France est d'une portée universelle... Les pressions à l'origine de ces turbulences sont mues par des causes planétaires. Une époque arrive à son terme. »

2. **La culture n'est pas une marchandise.** – Pour le mouvement social, les années de la globalisation outrancière ont signifié une véritable traversée du désert. La mobilisation massive à Seattle, en plein cœur des États-Unis, fin 1999, contre l'OMC et le projet ultralibéral a marqué son réveil. Déjà entre 1996 et 1998, l'intervention d'un réseau transnational d'organisations non gouvernementales branchées sur l'Internet avait réussi à stopper le projet en discussion à l'OCDE sur la libéralisation sauvage des investissements, l'AMI (Accord multilatéral sur les investissements). Accord dont l'adoption aurait eu pour conséquence d'annuler toute possibilité d'édicter des politiques publiques, notamment en vue de préserver l'exception ou la diversité culturelle. Depuis lors, non seulement le « mouvement des mouvements » conjugue les cybermobilisations et les manifestations de rue dans ses nouvelles formes de contestation d'envergure planétaire, mais il a créé ses propres instances d'analyse et de discussion sur ses lignes d'action, au niveau mondial, continental et national : les forums sociaux inaugurés en jan-

vier 2001 avec la mise en place du premier Forum social mondial de Porto Alegre, Brésil. La problématique de la communication s'est insérée dans le débat sur la construction d'une autre mondialisation.

Des forums émane, par exemple, le projet de Media Global Watch, ou Observatoire international des médias, lancé en 2003. Relayé par des observatoires nationaux, qui regroupent en leur sein des représentants des journalistes, des chercheurs et des usagers, ce réseau international entend « se constituer en contrepoids à l'excès de tous les pouvoirs, en premier lieu ceux des grands groupes médiatiques ». En clair, contrer la concentration stimulée par les logiques financières et l'homogénéisation du mode de traitement de l'information et de son contenu. Vers ces forums également convergent de nombreux réseaux qui ont pris une part active dans les multiples débats ouverts au sein des grandes institutions internationales, telles l'Unesco ou l'Union internationale des télécommunications, sur les usages des technologies. C'est notamment le cas du réseau CRIS, fondé en Amérique du Nord autour de la campagne pour les « droits de la communication dans la société de l'information ».

3. **Le découplage technique/société.** – Le déboîtement technique/société n'a cessé de s'accentuer et est allé de pair avec l'aggravation de l'asymétrie mondiale (et avec l'approfondissement de ce que Freud appelait déjà le malaise civilisationnel de l'homme devenu « dieu prothétique »). Une des tâches primordiales est sans doute de réconcilier les citoyens avec un système technique qui leur est aujourd'hui en grande part étranger et, comme le prônait le philosophe et psychiatre Félix Guattari peu avant sa disparition en 1992, d'« inventer de nouveaux univers de référence afin d'ouvrir la voie à une réappropriation et une resymbolisation de l'utilisation des outils de communication et d'information en dehors des formules rebattues du marketing ». Mais il n'est pas moins impératif d'élever la question de l'appropriation citoyenne au-delà de la maîtrise individuelle de l'instrument multimédia en la portant là où se décide l'architecture des réseaux de communication. Car les

systèmes de structuration du sens par numérisation des savoirs sous-tendent un modèle géo-culturel qui risque d'imposer comme critère de l'universalité un mode particulier de penser et de sentir, une façon d' « organiser la mémoire collective ». Avec le déploiement du cyberespace global, la question est posée de la modélisation du savoir par une société hégémonique qui risque de pratiquer le découpage sélectif à l'égard de sa propre mémoire collective.

C'est là précisément l'enjeu des affrontements entre projets de société auquel on a assisté, en 2003 puis en 2005, au sein des deux éditions du « Sommet mondial de la société de l'information ». On y a vu les organisations de la société civile signifier clairement leur différence par rapport à la prétention des représentants du secteur privé à se constituer en mentors de la société des réseaux, par rapport aussi à l'obsession sécuritaire du gouvernement des États-Unis et aux réticences des grands pays industriels à repenser le régime de la propriété intellectuelle. Un tel positionnement est ancré dans une philosophie et une pédagogie du changement social qui table sur la nécessaire appropriation par les citoyens des nouvelles technologies de l'information et de la communication en vue de conforter l'espace public.

CONCLUSION

« La globalisation signifie qu'on n'aura plus jamais à dire qu'on est désolé », constatait en 1994 le journaliste et écrivain mexicain Carlos Monsivais. Symbole du processus général de dépersonnalisation et de dénationalisation, le lien global vide le monde de ses acteurs sociaux. À force de se penser comme sociétés à responsabilité illimitée, gestionnaires de la totalité sociale, et de prétendre réguler l'ensemble de la Cité en faisant confiance à l'autodiscipline du marché, les grandes unités de l'économie mondiale sont devenues des sociétés déresponsabilisées. Leur aspiration à l' « universel » cache, en fait, une fuite en avant.

Noyau dur des discours sur ladite société de l'information, l'argumentation globaliste n'en déborde pas moins largement la question des réseaux techniques et le cercle des firmes mondiales. Elle incarne une façon générale de conjurer l'ensemble des périls qui guettent la planète. Cette manière de voir se garde bien de mettre en cause le principe productiviste du modèle de développement de l'économie mondialisée.

Pour taire leurs propres incertitudes, les idéologues du globalisme assènent comme des vérités scientifiques l'issue de processus dont le futur est tout sauf inscrit dans le marbre. Au nom de l'impératif catégorique géo-techno-financier, les sociétés se voient intimer l'ordre d'accepter les dérèglements de l'état de droit comme inexorables. Présentés aux citoyens comme des faits accomplis, ces décrets les privent de leur voix et, par là même, font reculer les seuils de tolérance démocratique. Tirant profit de l'angoisse individuelle et collective face à un monde qui a transformé le travail en un privilège, la globalisation de la menace de la précarité est brandie comme un argument d'autorité pour empêcher toute prise de distance critique à l'égard du cours des choses.

Enrôlés très tôt au service du mythe du progrès, les réseaux en ont épousé les paradoxes. S'ils ont contribué à soustraire l'histoire des sociétés humaines au cycle de la fatalité en les affranchissant des préjugés attachés aux frontières physiques et mentales, ils ont aussi configuré de nouveaux modes de pouvoir et de puissance. Tout au long de sa trajectoire, l'internationalisation s'est avérée un atout et un risque. Elle l'est plus que jamais. Fragile est le projet de cohésion de la planète qui traite le changement social comme un produit dérivé de la *market mentality* et s'en remet à la démarche libre-échangiste pour structurer la société numérique. Illusoire est la « solution globale » qui délègue à Pandore le réaménagement du monde et dénie à la société des citoyens le droit d'imaginer d'autres voies vers l'intégration supranationale et une conscience planétaire qui soit à la hauteur de l'enjeu de civilisation que représente le moment historique. Face au réalisme de façade professé par la « République mercantile universelle », on ne dira jamais assez que seule la quête d'une interdépendance capable d'affranchir les diverses communautés humaines de l'obsession des identités uniques et de déverrouiller les territoires mentaux de l'intolérance attisée aussi bien par les nationalismes et communitarismes myopes que par le globalisme des triangles d'or du libre-échange mérite que s'y investisse le désir de la « grande République démocratique ».

BIBLIOGRAPHIE

Appadurai A., *Après la colonisation. Les conséquences culturelles de la globalisation,* Paris, Payot, 2001.

Augé M., *Pour une anthropologie des mondes contemporains,* Paris, Aubier, 1994.

Bell D., *The Coming of Post-Industrial Society,* New York, Basic Books, 3e éd., 1999.

Bénat-Tachot L. et Gruzinski S. (éd.), *Mécanismes du métissage,* MSH / Presses Universitaires de Marne-la-Vallée, 2001.

Boyd-Barrett O. et Palmer M., *Le trafic des nouvelles,* Paris, Moreau, 1981.

Braudel F., *La dynamique du capitalisme,* Paris, Flammarion, 1992.

Brzezinski Z., *La révolution technétronique,* Paris, Calmann-Lévy, 1970 (éd. améric., 1969).

Castells M., *La société en réseau,* Paris, Fayard, 1998.

Certeau (de) M., *Arts de faire. L'invention du quotidien,* Paris, UGE, coll. « 10/18 », 1980.

Chandler A. D., *La main visible des managers,* Paris, Economica, 1988 (éd. améric., 1977).

Chesneaux J., *Modernité-monde,* Paris, La Découverte, 1989.

Cordellier S. (éd.), *La mondialisation au-delà des mythes,* Paris, La Découverte, 2000.

Fukuyama F., The End of History, *The Public Interest,* été 1989 (trad. franç. : La fin de l'histoire, *Commentaire,* n° 47, 1989).

Garnham N., *Capitalism and Global Communication : Global Culture and the Politics of Information,* Londres, Sage, 1990.

Golding P. and Harris P. (eds), *Beyond Cultural Imperialism : Globalization, Communication and the New International Order,* Londres, Sage, 1997.

Guattari F., *Chaosmose,* Paris, Galilée, 1992.

Guillaume M. (éd.), *Où vont les autoroutes de l'information ?,* Paris, Descartes & Cie, 1997.

Hall E. T., *Le langage silencieux,* Paris, Mame, 1973 (éd. améric., 1959).

Hall S. et du Gay P. (éd.), *Questions of Cultural Identity,* Londres, Sage, 1996.

Hermès, Dossier « Francophonie et mondialisation », n° 40, 2004.

Hill J. et Church Gibson P. (eds), *The Oxford Guide to Film Studies,* Oxford University Press, 1998.

Huntington S., The Clash of Civilizations, *Foreign Affairs,* vol. 72, n° 3, été 1993.

Jouët J. et Pasquier D. (éd.), Dossier : médias et migrations, *Réseaux,* n° 107, 2001.

Landes D., *L'Europe technicienne ou le Prométhée libéré,* Paris, Gallimard, 1988 (éd. améric., 1969).

Levitt T., The Globalization of Markets, *Harvard Business Review,* juin 1983.

Liberman J. (éd.), *Démythifier l'universalité des valeurs américaines,* Paris, Parangon, 2004.

Mac Bride S., *Voix multiples, un seul monde,* La Documentation française / Nouvelles Éditions africaines, 1980.

McLuhan M. et Fiore Q., *Guerre et paix dans le village planétaire*, Paris, Laffont, 1970 (éd. améric., 1968).

Marcos (sous-commandant), *Ya Basta ! Vers l'Internationale zapatiste,* Paris, Éd. Dagorno, 1996.
Mattelart A., *La communication-monde. Histoire des idées et des stratégies,* Paris, La Découverte, 1992, 1999 (poche).
Mattelart A., *L'invention de la communication,* Paris, La Découverte, 1994 ; La Découverte / Poches, 1997 (poche).
Mattelart A., *Histoire de l'utopie planétaire. De la Cité prophétique à la société globale,* Paris, La Découverte, 2000 (poche).
Mattelart A., *Histoire de la société de l'information,* Paris, La Découverte, coll. « Repères », 2003.
Mattelart A., *Diversité culturelle et mondialisation*, Paris, La Découverte, coll. « Repères », 2005.
Mattelart A., *La globalisation de la surveillance,* Paris, La Découverte, 2007.
Mattelart T., *Le cheval de Troie audiovisuel. Le rideau de fer à l'épreuve des radios et télévisions transfrontières,* Grenoble, PUG, 1995.
Mattelart T. (éd.), *La mondialisation des médias contre la censure*, Paris, De Boeck / INA, 2002.
Mattelart T. (éd.), *Médias, migration et cultures transnationales,* Paris, De Broeck-INA, 2006.
McChesney R. W., *Corporate Media and the Threat to Democracy,* New York, Seven Stories Press, 1997.
Miège B., *La société conquise par la communication,* vol. III, Grenoble, PUG, 2007.
Mouvements, dossier « Menaces sur la diversité culturelle », n° 38, 2005.
Morley D. et Robins K., *Spaces of Identity : Global Media, Electronic Landscapes and Cultural Boundaries,* Londres, Routledge, 1995.
Musso P. (éd.), Dossier : stratégies des groupes multimédias, *Dossiers de l'audiovisuel,* n° 94, 2000.
Nora S. et Minc A., *L'informatisation de la société,* Paris, La Documentation française, 1978.
Palmer M., *Des petits journaux aux grandes agences,* Paris, Aubier, 1983.
Raboy M. *et al., Développement culturel et mondialisation de l'économie,* Québec, Institut québécois de recherche sur la culture, 1994.
Regourd S., *L'exception culturelle*, Paris, PUF, coll. « Que sais-je ? », 2002.
Réseaux, dossier « Communiquer à l'ère des réseaux », n° 100, 2000.
Réseaux, dossier « Mobiles en Asie », n° 133, 2005.
Said E., *Culture and Imperialism*, New York, Alfred A. Knopf, 1993.
Sauquet M. *et al.* (éd.), *L'idiot du village mondial*, Paris-Bruxelles, Éd. Charles L. Mayer / Éd. Luc Pire, 2004.
Schiller H., *Communication and Cultural Domination,* White Plains (NY), M. E. Sharpe, 1976.
Tremblay G. *et al., 2001 Bogues. Globalisme et pluralisme,* Québec, Presses de l'Université Laval, 2003, 4 vol.
Veltz P., *Mondialisation, villes et territoires,* Paris, PUF, 1996.
Virilio P., *L'écran du désert,* Paris, Galilée, 1991.
Vitalis A. et Proulx S. (éd.), *Vers une citoyenneté simulée. Médias, réseaux et mondialisation,* Rennes, Apogée, 1999.

TABLE DES MATIÈRES

Imprimé en France
par MD Impressions
73, avenue Ronsard, 41100 Vendôme
Mars 2008 — N° 54 373